I0119517

Friedrich Schrader

Karmapradipa mit Auszügen aus dem Kommentare des Acarka

Friedrich Schrader

Karmapradipa mit Auszügen aus dem Kommentare des Acarka

ISBN/EAN: 9783741134562

Manufactured in Europe, USA, Canada, Australia, Japa

Cover: Foto ©Thomas Meinert / pixelio.de

Manufactured and distributed by brebook publishing software
(www.brebook.com)

Friedrich Schrader

Karmapradipa mit Auszügen aus dem Kommentare des Acarka

Einleitung.

Zu der vorliegenden Ausgabe des ersten Prapāṭhaka *des* Karmapradīpa *konnte ich folgende Hilfsmittel benutzen:*

A = *Berliner Handschrift. Weber, Katalog No. 326 (Chambers 106), 51 Bll.* Saṁvat *1716. Guter, durchkorrigierter Text mit Glossen aus dem Kommentare* Açārkas *am Rande. In Benares geschrieben.*

B = *Handschrift des East India Office. Eggeling, Catalogue No. 460. Enthält auf den ersten 30 Bll. den* Karmapradīpa. *Die Schrift ist sehr gut, der Text ist vortrefflich, obwohl nicht ganz durchkorrigiert. Überschrift:* Çrīgaṇeçāya namaḥ.

C = *Palmblatthandschrift des East India Office in Granthacharakter. 50 Bll. Sehr fehlerhaft. Ich habe offenbare Fehler dieser Handschrift meist nicht erwähnt. Sie ist aus einer Devanāgarī-Handschrift abgeschrieben, wie sich z. B. aus der mehrfachen Verwechslung von* ya *und* pa, ca *und* va, kha *und* sva *ergiebt (cfr. zu 7, 7. 8, 15).*

D = *Handschrift des East India Office in Bengalicharakter, enthält den* Karmapradīpa *auf fol. 1—22. Guter Text. Die Überschrift lautet:* Namaḥ Sāmavedāya. *Grofs 4°. Eggeling, Catalogue No. 461.*

Zu diesen Aufzeichnungen des Textes kommen die Handschriften, die den Kommentar Açārkas *oder* Āçādityas *geben.*

*E*ᵃ = *Berliner Handschrift. Weber No. 327. Chambers 134. Die Schrift ist gut. Die Korrekturen verschwinden nach der Mitte zu; der Text ist ziemlich lückenhaft und in schlechtem Zustande.*

E^b = Berliner Handschrift. Weber No. 328. Chambers 361. Diese scheint aus * geflossen zu sein und enthält nur wenige Abweichungen von dieser.

E^c = Handschrift des East India Office. Eggeling, Catalogue No. 462, 463. In zwei Bänden enthalten. Die Schrift ist gut. Die Handschrift befindet sich aber sonst in argem Zustande. Viele Blätter sind an falscher Stelle geheftet. In der Mitte des ersten Bandes sind die Blätter zusammengeklebt gewesen und so sind der Anfang der ersten Seite jedes Blattes und die letzten Zeilen des zweiten fast vernichtet. Nach dieser Handschrift ist der Text vorwiegend gegeben worden.

Der Karmapradīpa ist schon dreimal in Indien herausgegeben: trotzdem scheint eine neue Ausgabe nicht überflüssig zu sein. Denn die älteste Ausgabe (Gildemeister, Bibliotheca Sanscrita No. 447) ist nicht mehr aufzutreiben und die beiden andern sind in grofsen, verhältnismäfsig schwer zu erwerbenden Sammelwerken erschienen und der in ihnen gebotene Text ist ein äufserst schlechter. Er liegt vor in

F = dem Çāstrasaṁgraha des Jīvānanda Vidyāsāgara, wo er durch eine Menge Druckfehler entstellt ist. Korrekter gedruckt ist:

G = die Ausgabe der 28 Smṛtis oder Dharmaçāstrasaṁgrahaḥ. Bombay çaka 1805. Auch hier ist der Text sehr schlecht.

Endlich ist noch als eine Quelle für die Kritik des Textes zu betrachten

T = die Ausgabe der Gobhilaschriften, des Gṛhyasūtram, des Gṛhyāsaṁgraha, des Çrāddhakalpa u. s. w. von Tarkālaṁkāra in der Bibliotheca Indica, der im Kommentare fast die Hälfte der Verse des Karmapradīpa citiert, in einer beachtenswerten Textfassung.

Was dieses Werk nun betrifft, so bezeichnet es sich selbst als eine Erläuterung und Ergänzung des zum Sāmaveda gehörigen Gṛhyasūtram des Gobhila, das heifst es steht zu diesem Sūtram im Verhältnisse eines pariçishṭam. Deshalb finden wir es auch bisweilen als Chandogapariçishṭam citiert (Simon, Beiträge zur Kenntniss der Vedischen Schulen. Kiel 1889 p. 55). Daneben *findet es sich als* Gobhilasmṛti *in der Münchner Handschrift und sonst bezeichnet.*

In den meisten Fällen trägt es jedoch den Autornamen des Kātyāyana, *einen Namen, dem wir bei dem weifsen Yajus als dem des Verfassers des* Çrautasūtram *begegnen. Dieser und der Name* Çaunakas *finden sich häufig am Ende und am Anfang der* pariçishṭas *angerufen, und obwohl diese sie nicht gerade direkt als ihre Verfasser bezeichnen, so berufen sie sich doch auf sie als Autoritäten (vgl. Max Müller, History p. 250, wo er ein Beispiel für* Kātyāyana *giebt).*

So wird Kātyāyana *im* Karmapradīpa *als Autorität citiert II, 18, 4. 23 und öfter.*

Als Kātyāyanasmṛti *erscheint es in F und G, als* Kātyāyanasaṁhitā *in dem ältesten Drucke. Der Smṛticharakter ist ihm in noch höherem Mafse eigen als dem anderen* pariçishṭam *zu Gobhila, dem* Gṛhyāsaṁgraha. *Während dieser noch viel Altes bietet, worauf Bloomfield in seiner Ausgabe Zeitschrift der Deutschen Morg. Ges. Bd. 35 p. 534 aufmerksam gemacht hat, kommt dem* Karmapradīpa *ein viel jüngeres Alter zu.*[1] *Er beruft sich mehr auf Autoritäten, die nicht alle sicher den Sāmanschulen angehören, ja er citiert dem Kommentator nach den* Gṛhyāsaṁgraha *selbst schon I, 4, 12 als Autorität unter dem Namen des „*parisaṁkhyāna*", wie* Āçārka *selbst öfter Citate aus dem* Gṛhyāsaṁgraha *unter diesem Titel giebt. Neben diesem Werke des Gobhilakreises citiert er die Lehre des* Vasishṭha *(schon I, 1, 18) als kanonischen Leitfaden für den* Çrāddharitus.

Der Kommentar sagt: Vasishṭhasmṛtinā çrāddhakalpam ucyate. *Das* Çrāddhakalpam *wird sonst dem Gobhila zugeschrieben. Also hätten wir hier den* Vasishṭha *in den Bereich der Sāmanschulen gezogen, womit man Bühler vergleiche in der Introduction zu seiner Übersetzung* Vasishṭhas *im XIV. Bande der Sacred Books p. XV Anm. 1:* A school of Vasishṭhas belonging to the Sāmaveda certainly existed in ancient times.

Ein anderer Lehrer, den er citiert, ist Narada I, 10, 2, wozu der Kommentator bemerkt: Nāradamunigrahaṇaṁ ca Kauthumādisāmaçākhācāryatvavaçena.

---

1) *Anders lehrt Knauer, Gobhila Heft II p. 8.*

Was seine Stellung zu dem anderen pariçishṭam *zu Gobhila betrifft, so hat schon Bloomfield in seiner oben erwähnten Ausgabe p. 535 den Zusammenhang beider Werke erörtert, der so eng ist, dafs* Çloken *mit fast demselben Wortlaut in ihnen vorkommen, wie K 1, 7, 5 = G 1, 84a, K 1, 8, 20 = G 1, 99, K 1, 2, 4 = G 2, 87, K 2, 8, 3a = G 1, 84a.*

Dafs der Karmapradīpa *wohl jünger ist, als der G., haben wir gesehen. Man mufs wohl den* Karmapr. *als abhängig von dem G. betrachten, wenn die Identifikation desselben mit dem* parisaṁkhyānam, *woran nicht zu zweifeln ist, richtig ist. Ob freilich der V. 12 des IV.* khaṇḍam *zu dem alten Bestande des Werkes gehört, das doch sicherlich schon wegen seines „kompilatorischen Charakters" viel Ansätze und Erweiterungen jüngeren Datums erfahren mufste, das läfst sich wohl nicht mehr entscheiden.*

Dafs das Werk in seiner jetzigen Gestalt viel Einbufse erlitten hat, geht daraus hervor, dafs die Citate, die die Kommentare geben, sich nicht alle in dem Karmapradīpa, *wie er heute vorliegt, nachweisen lassen. Knauer vermutet, dafs er ein Konglomerat aus verschiedenen Werken ist, unter deren Titel er citiert wird, wie* gṛhyāntaram, Karmapradīpa, Kātyāyana, praṇavapariçishṭam (Tarkālaṁkāra *p. 122 = K. 2, 4, 9; der Vers findet sich anscheinend nur im Cod. Wils.), und dafs der Einleitungsvers erst entstanden ist, als das Werk die Zusammensetzung aus Bruchstücken nicht mehr erkennen liefs, sondern den Eindruck eines abgerundeten Ganzen machte. Dabei machte er die Beobachtung, dafs fast alle Citate, die mit* gṛhyāntaram *und* uktam *gegeben werden, sich im dritten* prapāṭhakam *finden, so dafs sich in diesem der gröfste Rest eines* gṛhyāntaram *erhalten hätte und eines entweder mit diesem identischen oder selbständigen anonymen Werkes. Vgl. Knauer,* Gobhila's Gṛhyasūtra *Heft II pp. 10—14. Auch erscheint die Berufung auf* Kātyāyana *nur in den beiden letzten* prapāṭhakas; *während im ersten nur* Vasishṭha *und* Nārada, *wahrscheinlich hier beide als Sāmantheologen betrachtet, herangezogen werden.*

So viel liefse sich über die Art der Entstehung des Werkes vermuten. Ein anderer Grund für die Annahme seiner Lückenhaftigkeit ist der Umstand, dafs, wie der Gelehrte auf dem

Deckblatt zu Chambers 106 bemerkt, „die Vergleichung mit dem Karmapradīpa *der Königl. Bibliothek zu Paris (D 170) für Ch. 106 (also auch für den ganzen in Europa zu Gebote stehenden textkritischen Apparat) eine Lücke am Ende ergiebt.“*

Dabei ist die Annahme einer anderen Rezension nicht ausgeschlossen, worauf namentlich Tarkālaṁkāras *sehr abweichende Lesarten hinweisen; vielleicht sind auch dieser die von den Kommentatoren citierten und in unserem* Karmapradīpa *nicht nachzuweisenden Verse zuzuerteilen.*

Die vorhandenen Handschriften bieten keine Spur davon, sie zeigen den Text in fester Gestalt, eine Umstellung von Versen im 1. kh. des 1. pr. ausgenommen, mit Ausnahme des cod. Wilsonius, der z. B. 2, 4, 9 einen Vers mehr zeigt (s. oben). Seine Benutzung war mir leider nicht gestattet, ebensowenig wie die des Cod. Parisinus und der Münchner Handschrift.

Der Kommentator des Karmapradīpa *nennt sich* Āçārka *oder* Açāditya. *Als seine Quellen und Hilfsmittel giebt er an, den* Gṛhyāsaṁgraha *voranstellend und ihm dadurch die gröfste Wichtigkeit für die Interpretation beilegend, weiter den* Lāṭyāyana, *das* Khādiragṛhyasūtram, *die* Çāstren *des* Vasishṭha, Manu, Atri, Vishṇu, Hārīta, Baudhāyana, Yogīça (*d. i.* Yājñavalkya), Paiṭhīnasi, *das* Brahma, Padma, Vishṇupurāṇam *und die übrigen* Purāṇas, *die er namentlich stark benutzt.*

Er betrachtet natürlich der Tradition nach den Kātyāyana *als Verfasser, so dafs er* athāto *(1, 1, 1) auch erklärt als eine Form des Überganges von dem* Çrautasūtram, *das* Kātyāyana *nach den Prinzipien der* Mādhyaṁdina-*Schule verfafst habe, zu dem* Smārta-*Werke, wo er der* Chandoga-*Schule folgen würde.*

Es ist noch zu bemerken, dafs die Handschriften C und D nicht die Einteilung in khaṇḍas *zeigen. In beiden sind die Verse durchgehend numeriert.*

Zwei der Handschriften, B und D, zeigen das Bestreben, die Zugehörigkeit des Werkes zur Yajus-*Litteratur deutlicher hervortreten zu lassen. Sie lassen* s *vor* s *mit stummen Konsonanten ausfallen, ohne es in den* Visarga *zu verwandeln,*[1] *was als eine*

1) z. B. *II, 4* darbhā staraṇārthe *II, 14* apa spṛçet *III, 10* tṛpta stha *IX, 8* adha staraṇāmnānāt.

Eigentümlichkeit der Yajus-*Texte gilt. Vgl.* Vajasan. Prātiçākhyam *III, 12,* Tait. Prātiçākhyam *IX, 1. auch das* Ṛkprātiçākhyam *schreibt den Ausfall des* s *vor, während das* Atharvaprātiçākhyam *ihn nicht zuläfst. Vgl. Whitney zu* Atharvavedaprātiçākhyam *II, 40.*

Ich habe diese Schreibart in den Text aufgenommen, während ich schwankte, den Ausfall des s *vor* s + *tönenden Konsonanten, wie er in B teilweise durchgeführt ist, wiederzugeben. Es wird dies eine bewufste Altertümelei sein, wie sie das Werk in seiner ursprünglichen Gestalt wohl nicht gezeigt haben mag; da sie aber die gute Tradition der Handschrift B, mit D übereinstimmend, wiedergiebt, so ist sie sicher als eine alte Eigentümlichkeit unseres Textes zu betrachten.*

Çrīgaṇeçāya namaḥ.

I.

Athāto Gobhiloktānām anyeshāṁ caiva karmaṇām
aspashṭānāṁ vidhiṁ samyag darçayishye pradīpavat ‖ 1. ‖
Trivṛd ūrdhvavṛtaṁ kāryaṁ tantutrayam adhovṛtam
trivṛt tac copavītaṁ syāt tasyaiko granthir ishyate ‖ 2. ‖
Pṛshṭhavaṅçe ca nābhyāṁ ca dhṛtaṁ yad vindate kaṭim
tad dhāryam upavītaṁ syān nātilambaṁ na cocchritam ‖ 3. ‖
Sadopavītinā bhāvyaṁ sadā baddhaçikhena ca
viçikho vyupavītaç ca yat karoti na tat kṛtam ‖ 4. ‖
Triḥ prāçyāpo dvir unmṛjya mukham etāny upaspṛçet
āsyanāsākshikarṇāṅç ca nābhivakshaḥçiroṁsakān ‖ 5. ‖
Aṅgushṭhena pradeçinyā ghrāṇaṁ caivam upaspṛçet
aṅgushṭhānāmikābhyāṁ ca cakshuḥ çrotraṁ punaḥ punaḥ ‖ 6. ‖
Kanishṭhāṅgushṭhayor nābhiṁ hṛdayaṁ tu talena vai
sarvābhis tu çiraḥ paçcād bāhū cāgreṇa saṁspṛçet ‖ 7. ‖
Yatropadiçyate karma kartur aṅgaṁ na tūcyate
dakshiṇas tatra vijñeyaḥ karmaṇāṁ pāragaḥ karaḥ ‖ 8. ‖
Yatra diṅniyamo na syāj japahomādikarmasu
tisras tatra diçaḥ proktā aindrīsaumyāparājitāḥ ‖ 9. ‖
Tishṭhann āsīnaḥ prahvo vā niyamo yatra nedṛçaḥ
tadāsīnena kartavyaṁ na prahveṇa na tishṭhatā ‖ 10. ‖

Gaurī Padmā Çacī Medhā Sāvitrī Vijayā Jayā
Devasenā Svadhā Svāhā mātaro lokamātaraḥ ‖ 11. ‖
Dhṛtiḥ Pushṭis tathā Tushṭir ātmadevatayā saha
Gaṇeçenādhikā hy etā vṛddhau pūjyāç caturdaça ‖ 12. ‖
Karmādishu tu sarveshu mātaraḥ sagaṇādhipāḥ
pūjanīyāḥ prayatnena pūjitāḥ pūjayanti tāḥ ‖ 13. ‖
Pratimāsu ca çubhrāsu likhitvā vā paṭādishu
api vākshatapuñjeshu naivedyaiç ca pṛthagvidhaiḥ ‖ 14. ‖
Kuḍyalagnāṁ Vasordhārāṁ saptadhārāṁ ghṛtena tu
kārayet pañcadhārāṁ vā nātinīcāṁ na coechritām ‖ 15. ‖
Āyushyāṇi ca çāntyarthaṁ japtvā tatra samāhitaḥ
shaḍbhyaḥ pitṛbhyas tad anu bhaktyā çrāddham upakramet ‖ 16. ‖
Anishṭvā tu pitṝn çrāddhe na kuryāt karma vaidikam
tatrāpi mātaraḥ pūrvaṁ pūjanīyāḥ prayatnataḥ ‖ 17.
Vasishṭhokto vidhiḥ kṛtsno drashṭavyo 'tra nirāmishaḥ
ataḥ paraṁ pravakshyāmi viçesha iha yo bhavet ‖ 18. ‖

II.

Prātar āmantritān viprān yugmān ubhayatas tathā
upaveçya kuçān dadyād ṛjunaiva hi pāṇinā ‖ 1. ‖
Haritā yajñiyā darbhāḥ pītakāḥ pākayajñikāḥ
samūlāḥ pitṛdevatyāḥ kalmāshā vaiçvadevikāḥ ‖ 2. ‖
Haritā vai sapiñjūlāḥ çushkāḥ snigdhāḥ samāhitāḥ
ratnimātrāḥ pramāṇena pitṛtīrthena saṁskṛtāḥ ‖ 3. ‖
Piṇḍārthaṁ ye stṛtā darbhā staraṇārthe tathaiva ca
dhṛtaiḥ kṛte ca viṇmūtre tyāgas teshāṁ vidhīyate ‖ 4. ‖
Dakshiṇaṁ pātayej jānu devān paricaran sadā
pātayed itaraj jānu pitṝn paricaran sadā ‖ 5. ‖

Nipāto na hi savyasya jānuno vidyate kvacit
sadā paricared bhaktyā pitṝn apy atra devavat ‖ 6. ‖
Pitṛbhya iti datteshu upaveçya kuçeshu tān
gotranāmabhir āmantrya pitṝn arghyaṁ pradāpayet ‖ 7. ‖
Nātrāpasavyakaraṇaṁ na pitryaṁ tīrtham ishyate
pātrāṇāṁ pūraṇādīni daivenaiva hi kārayet ‖ 8. ‖
Jyeshṭhottarakarān yugmān karāgrāgrapavitrakān
kṛtvārghyaṁ saṁpradātavyaṁ naikaikasyātra dīyate ‖ 9. ‖
Anantargarbhiṇaṁ sāgraṁ kauçaṁ dvidalam eva ca
prādeçamātraṁ vijñeyaṁ pavitraṁ yatra kutracit ‖ 10. ‖
Etad eva hi piñjūlyā lakshaṇaṁ samudāhṛtam
ājyasyotpavanārthaṁ yat tad apy etāvad eva tu ‖ 11. ‖
Etatpramāṇām evaike kauçīm evārdramañjarīm
çushkāṁ vā çīrṇakusumāṁ piñjūlīṁ paricakshate ‖ 12. ‖
Pitryamantrānudravaṇa ātmālambho 'dhamekshaṇe
adhovāyusamutsarge prahāse 'nṛtabhāshaṇe ‖ 13. ‖
Mārjāramūshakasparçe ākrushṭe krodhasaṁbhave
nimitteshv eshu sarvatra karma kurvann apa spṛçet ‖ 14. ‖

III.

Akriyā trividhā proktā vidvadbhiḥ karmakāriṇām
akriyā ca paroktā ca tṛtīyā cāyathākriyā ‖ 1. ‖
Svaçākhāçrayam utsṛjya paraçākhāçrayaṁ ca yaḥ
kartum icchati durmedhā moghaṁ tat tasya ceshṭitam ‖ 2. ‖
Yan nāmnātaṁ svaçākhāyāṁ paroktam avirodhi ca
vidvadbhis tad anushṭheyam agnihotrādikarmavat ‖ 3. ‖
Pravṛttam anyathā kuryād yadi mohāt kathaṁcana
yatas tad anyathābhūtaṁ tata eva samāpayet ‖ 4. ‖

Samāpte yadi jānīyān mayaitad ayathākṛtam
tāvad eva punaḥ kuryān nāvṛttiḥ sarvakarmaṇaḥ ‖ 5. ‖
Pradhānasyākriyā yatra sāṅgaṁ tat kriyate punaḥ
tadaṅgasyākriyāyāṁ tu nāvṛttir naiva tatkriyā ‖ 6. ‖
Madhu madhv iti yas tatra trir japo 'çitum icchatām
gāyatryanantaraṁ so 'tra madhumantravivarjitaḥ ‖ 7. ‖
Na çāçnatsu japed atra kadācit pitṛsaṁhitām
anya eva japaḥ kāryaḥ somasāmādikaḥ çubhaḥ ‖ 8. ‖
Yas tatra prakaro 'nnasya tilavad yavavat tathā
ucchishṭasaṁnidhau so 'tra tṛpteshu viparītakaḥ ‖ 9. ‖
Saṁpannam iti tṛptā stha praçnasthāne vidhīyate
susaṁpannam iti prokte çesham annaṁ nivedayet ‖ 10. ‖
Prāgagreshv atha darbheshu ādyam āmantrya pūrvavat
apaḥ kshipen mūladeçe 'vaneniksvheti pātrataḥ ‖ 11. ‖
Dvitīyaṁ ca tṛtīyaṁ ca madhyadeçāgradeçayoḥ
mātāmahaprabhṛtīṁs trīn etesham eva vāmataḥ ‖ 12. ‖
Sarvasmād annam uddhṛtya vyañjanair upasicya ca
saṁyojya yavakarkandhudadhibhiḥ prāṅmukhas tataḥ ‖ 13. ‖
Avanejanavat piṇḍān dattvā bilvapramāṇakān
tatpātrakshālanenātha punar apy avanejayet ‖ 14. ‖

IV.

Uttarottaradānena piṇḍānām uttarottaraḥ
bhaved adhaç cādharāṇām adharaḥ çrāddhakarmaṇi ‖ 1. ‖
Tasmāc chrāddheshu sarveshu vṛddhimatsv itareshu ca
mūlamadhyāgradeçeshu īshat saktāṁç ca nirvapet ‖ 2. ‖
Gandhādīn niḥkshipet tūshṇīṁ tata ācāmayed dvijān
anyatrāpy esha eva syād yavādirahito vidhiḥ ‖ 3. ‖

Dakshiṇāpravaṇe deçe dakshiṇābhimukhasya ca
dakshiṇāgreshu darbheshu esho 'nyatra vidhiḥ smṛtaḥ ‖ 4. ‖
Athāgrabhūmim āsiñcet susaṁprokshitam astv iti
çivā āpaḥ santv iti ca yugmān evodakena ca ‖ 5. ‖
Saumanasyam astv iti ca pushpadānam anantaram
akshataṁ cārishṭaṁ cāstv ity akshatān pratipādayet ‖ 6. ‖
Akshayyodakadānaṁ tu arghyadānavad ishyate
shashṭhyaiva nityaṁ tat kuryān na caturthyā kadācana ‖ 7. ‖
Arghyo kshayyodake caiva piṇḍadāne 'vanejane
tantrasya tu nivṛttiḥ syāt svadhāvācana eva ca ‖ 8. ‖
Prārthanāsu pratiprokto sarvāsv eva dvijottamaiḥ
pavitrāntarhitān piṇḍān siñced uttānapātrakṛt ‖ 9. ‖
Yugmān eva svastivācya aṅgushṭhāgragrahaṁ sadā
kṛtvā dhuryasya viprasya praṇamyānuvrajet tataḥ ‖ 10. ‖
Esha çrāddhavidhiḥ kṛtsna uktaḥ saṁkshepato mayā
ye vidanti na muhyanti çrāddhakarmasu te kvacit ‖ 11. ‖
Idaṁ çāstraṁ ca gṛhyaṁ ca parisaṁkhyānam eva ca
Vasishṭhoktaṁ ca yo veda sa çrāddhaṁ veda netaraḥ ‖ 12. ‖

V.

Asakṛd yāni karmāṇi kriyeran karmakāribhiḥ
pratiprayogaṁ naitāḥ syur mātaraḥ çrāddham eva ca. ‖ 1. ‖
Adhāne homayoç caiva vaiçvadeve tathaiva ca
balikarmaṇi darçe ca paurṇamāse tathaiva ca ‖ 2. ‖
Navayajñe ca yajñajñā vadanty evaṁ manīshiṇaḥ
ekam eva bhavec chrāddham eteshu na pṛthak pṛthak ‖ 3. ‖
Nāshṭakāsu bhavec chrāddhaṁ na çrāddhe çrāddham ishyate
na soshyantījātakarmaproshitāgatakarmasu ‖ 4. ‖

Vivāhādiḥ karmagaṇo ya ukto garbhādhānaṁ çuçruma yasya cānte
vivāhādāv ekam evātra kuryāc chrāddhaṁ nādau karmaṇaḥ karmaṇaḥ syāt ‖ 5. ‖
Pradoshe çrāddham ekaṁ syād goniskkālapraveçayoḥ
na çrāddhaṁ yujyate kartuṁ prathame pushṭikarmaṇi ‖ 6. ‖
Halābhiyogādishu tu shaṭsu kuryāt pṛthak pṛthak
pratiprayogam apy eshām ādāv ekaṁ tu kārayet ‖ 7. ‖
Bṛhatpatrakshudrapaçusvastyarthaṁ parivishyatoḥ
sūryendvoḥ karmaṇī ye tu tayoḥ çrāddhaṁ na vidyate ‖ 8. ‖
Na daçāgranthike naiva vishavaddashṭakarmaṇi
kṛmidashṭacikitsāyāṁ naiva çesheshu vidyate ‖ 9. ‖
Gaṇaçaḥ kriyamāṇeshu mātṛbhyaḥ pūjanaṁ sakṛt
sakṛd eva bhavec chrāddham ādau na pṛthag ādishu ‖ 10. ‖
Yatra yatra bhavec chrāddhaṁ tatra tatra ca mātaraḥ
prāsaṅgikam idaṁ proktam ataḥ prakṛtam ucyate ‖ 11. ‖

VI.

Ādhānakālā ye proktās tathā yāç cāgniyonayaḥ
tadāçrayo 'gnim ādadhyād agnimān agrajo yadi ‖ 1. ‖
Dārādhigamanādhāne yaḥ kuryād agrajāgrimaḥ
parivettā sa vijñeyaḥ parivittis tu pūrvajaḥ ‖ 2. ‖
Parivittiparivettārau narakaṁ gacchato dhruvam
api cīrṇaprāyaçcittau pādonaphalabhāginau ‖ 3. ‖
Deçāntarasthaklībaikavṛshaṇān asahodarān
veçyātisaktapatitaçūdratulyātirogiṇaḥ ‖ 4. ‖
Jaḍamūkāndhabadhirakubjavāmanakuṇḍakān
ativṛddhān abhāryāṁç ca kṛshisaktān nṛpasya ca ‖ 5. ‖

Dhanavṛddhiprasaktāṁç ca kāmataḥ kāriṇas tathā
kulaṭonmattacaurāṁç ca parivindan na dushyati ‖ 6. ‖
Dhanavārdhushikaṁ rājasevakaṁ karmakaṁ tathā
proshitaṁ ca pratīksheta varshatrayam api tvaran ‖ 7. ‖
Proshitaṁ yady açṛṇvānas tryabdād ante samācaret
āgate tu punas tasmin pādaṁ tacchuddhaye caret ‖ 8. ‖
Lakshaṇe prāggatāyās tu pramāṇaṁ dvādaçāṅgulam
tanmūlasaktā yodīcī tasyā etan navottaram ‖ 9. ‖
Udaggatāyāḥ saṁlagnāḥ çeshāḥ prādeçamātrikāḥ
saptasaptāṅgulā nyasya kuçenaiva samullikhet ‖ 10. ‖
Mānakriyāyām uktāyām anukte mānakartari
mānakṛd yajamānaḥ syād vidushām esha niçcayaḥ ‖ 11. ‖
Puṇyam evādadhītāgniṁ sa hi sarvaiḥ praçasyate
anardhukatvaṁ yat tasya kāmyais tan nīyate çamam ‖ 12. ‖
Yasya dattā bhavet kanyā vācā satyena kenacit
so 'nyāṁ samidham ādhāsyann ādadhītaiva nānyathā ‖ 13. ‖
Anūḍhaiva tu sā kanyā pañcatvaṁ yadi gacchati
na tathā vratalopo 'sya tenaivānyāṁ samudvahet ‖ 14. ‖
Atha cen na labhetānyāṁ yācamāno 'pi kanyakām
tam agnim ātmasāt kṛtvā kshipraṁ syād uttarāçramī ‖ 15. ‖

VII.

Açvattho yaḥ çamīgarbhaḥ praçastorvīsamudbhavaḥ
tasya yā prāṅmukhī çākhā vodīcī vordhvagāpi vā ‖ 1. ‖
Araṇis tanmayī proktā tanmayy evottarāraṇiḥ
sāravad dāravaṁ catram ovīlī ca praçasyate ‖ 2. ‖
Saṁsaktamūlo yaḥ çamyāḥ sa çamīgarbha ucyate
alābhe tv açamīgarbhād dhared evāvilambitaḥ ‖ 3. ‖

Caturviṁçatir aṅgushṭhā dairghyaṁ shaḍ api pārthavam
Catvāra ucchrayo mānam araṇyoḥ parikīrtitam ‖ 4. ‖
Ashṭāṅgulaḥ pramanthaḥ syāc catraṁ syād dvādaçāṅgulam
ovīlī dvādaçaiva syād etan manthanayantrakam ‖ 5. ‖
Aṅgushṭhāṅgulimānaṁ tu yatra yatropadiçyate
tatra tatra bṛhatparvagranthibhir minuyāt sadā ‖ 6. ‖
Govālaiḥ çaṇasaṁmiçrais trivṛd vṛttam anaṅkagam
vyāmapramāṇaṁ netraṁ syāt pramathyas tena pāvakaḥ ‖ 7. ‖
Mūrdhākshikarṇavaktrāṇi kaṁdharā cāpi pañcamī
aṅgushṭhamātrāṇy etāni dvyaṅgushṭhaṁ vaksha ucyate ‖ 8. ‖
Aṅgushṭhamātraṁ hṛdayaṁ tryaṅgushṭham udaraṁ smṛtam
ekāṅgushṭhā kaṭir jñeyā dvau vastir dvau ca guhyakam ‖ 9. ‖
Urū jaṅghe ca pādau ca catustryekair yathākramam
araṇyavayavā hy ete yājñikaiḥ parikīrtitāḥ ‖ 10. ‖
Yat tad guhyam iti proktaṁ devayonis tu socyate
asyāṁ yo jāyate vahniḥ sa kalyāṇakṛd ucyate ‖ 11. ‖
Anyeshu ye tu manthanti te rogabhayam āpnuyuḥ
prathame manthane tv esha niyamo nottareshu ca ‖ 12. ‖
Uttarāraṇinishpannaḥ pramanthaḥ sarvadā bhavet
Yonisaṁkaradosheṇa yujyate hy anyamanthakṛt ‖ 13. ‖
Ardrā suçushirā caiva ghūrṇāṅgī pāṭitā tathā
na hitā yajamānānām araṇiç cottarāraṇiḥ ‖ 14. ‖

VIII.

Paridhāyāhataṁ vāsaḥ prāvṛtya ca yathāvidhi
bibhṛyāt prāṅmukho yantram āvṛtā vakshyamāṇayā ‖ 1. ‖
Catrabudhne pramanthāgraṁ gāḍhaṁ kṛtvā vicakshaṇaḥ
kṛtvottarāgrām araṇiṁ tadbudhnam upari nyaset ‖ 2. ‖

Catrāgrakīlakāgrasthām ovīlīm udagagrakām
vishṭambhād dhārayed yantraṁ nishkampaṁ prayataḥ çuciḥ | 3. |
Trir udveshṭyātha netreṇa catraṁ patnyo 'hatāṁçukāḥ
pūrve manthanty araṇyante prācy agneḥ syād yathā cyutiḥ | 4. |
Naikayāpi vinā kāryam ādhānaṁ bhāryayā dvijaiḥ
akṛtaṁ tad vijānīyāt sarvā nānvārabhanti yat | 5. |
Varṇajyaishṭhyena bahvībhiḥ savarṇābhiç ca janmataḥ
kāryam agnicyuter ābhiḥ sādhvībhir manthanaṁ pṛthak | 6. |
Nātra çūdrīṁ prayuñjīta na drohadveshakāriṇīm
na caivāvratasthāṁ nānyapuṁsā ca saha saṁgatām | 7. |
Tataḥ çaktatarā paçcād āsām anyatarāpi vā
upetānāṁ vānyatamā manthed agniṁ nikāmataḥ | 8. |
Jātasya lakshaṇaṁ kṛtvā taṁ praṇīya samidhya ca
ādhāya samidhaṁ caiva brahmāṇaṁ copaveçayet | 9. |
Tataḥ pūrṇāhutiṁ hutvā sarvamantrasamanvitām
gāṁ dadyād yajñavāstvante brahmaṇe vāsasī tathā | 10. |
Homapātram anādeçe dravadravye sruvaḥ smṛtaḥ
pāṇir evetarasmiṁs tu srucaivātra tu hūyate | 11. |
Khādiro vātha pārṇo vā dvivitastiḥ sruvaḥ smṛtaḥ
srug bāhumātrā vijñeyā vṛttas tu pragrahas tayoḥ | 12. |
Sruvāgre ghrāṇavat khātaṁ dvyaṅgushṭhaṁ parimaṇḍalam
sarvakhātaṁ sanirvāhaṁ srucaç cārdhashaḍaṅgulam | 13. |
Prākçaç caiva kuçaiḥ kāryaḥ saṁpramārgo juhūshatā
pratāpanaṁ ca liptānāṁ prakshālyoshṇena vāriṇā | 14. |
Prāñcaṁ prāñcam udagagner udagagraṁ samīpataḥ
tat tathā sādayed dravyaṁ yad yathā viniyujyate | 15. |
Ājyaṁ havyam anādeçe juhotishu vidhīyate
mantrasya devatāyāç ca prajāpatir iti sthitiḥ | 16. |

Nāṅgushṭhād adhikā grāhyā samit sthūlatayā kvacit
na viyuktā tvacā caiva na sakīṭā na pāṭitā ‖ 17. ‖
Prādeçān nādhikā nonā na ca çākhā viçākhikā
na saparṇā na nirvīryā homeshu ca vijānatā ‖ 18. ‖
Prādeçadvayam idhmasya pramāṇaṁ parikīrtitam
evaṁvidhābhir eveha samidbhiḥ sarvakarmasu ‖ 19. ‖
Samidho 'shṭādaçedhmasya pravadanti manīshiṇaḥ
darçe ca paurṇamāse ca kriyāsv anyāsu viṁçatiḥ ‖ 20. ‖
Samidādishu homeshu mantradaivatavarjitā
purastāc copariṣhṭāc ca indhanārthaṁ samid bhavet ‖ 21. ‖
Idhmo 'py edhārtham ācāryair havirāhutishu smṛtaḥ
yatra cāsya nivṛttiḥ syāt tat spashṭīkaravāṇy aham ‖ 22. ‖
Aṅgahomasamittantrasoshyantyākhyeshu karmasu
yeshāṁ caitad upary uktaṁ teshu tatsadṛçeshu ca ‖ 23. ‖
Akshabhaṅgādivipadi jalahomādikarmaṇi
kratvāhutishu sarvāsu naiteshv idhmo vidhīyate ‖ 24. ‖

IX.

Sūrye 'staçailam aprāpte shaṭtriṁçadbhiḥ sadāṅgulaiḥ
prādushkaraṇam agnīnāṁ prātarbhāsāṁ ca darçanāt ‖ 1. ‖
Hastād ūrdhvaṁ ravir yāvad giriṁ hitvā na gacchati
tāvad dhomavidhiḥ puṇyo nātyety uditahominām ‖ 2. ‖
Yāvat samyaṅ na bhāvyanto nabhasy ṛkshāṇi sarvataḥ
na ca lohitimāpaiti tāvat sāyaṁ ca hūyate ‖ 3. ‖
Rajonīhāradhūmābhravṛkshāgrāntarite ravau
saṁdhyāṁ uddiçya juhuyād vratam asya na lupyate ‖ 4. ‖
Na kuryāt kshiprahomeshu dvijaḥ parisamūhanam
vairūpākshaṁ ca na japet prapadaṁ ca vivarjayet ‖ 5. ‖

Paryukshaṇaṁ ca sarvatra kartavyam adite 'nv iti
ante ca vāmadevyasya gānaṁ kuryāt tṛce ṛci vā | 6. |
Ahomakeshv api bhaved yathoktaṁ candradarçane
vāmadevyaṁ gaṇeshv ante balyante vaiçvadevike | 7. |
Yāny adha staraṇāmnānān na teshu staraṇaṁ bhavet
ekakāryārthasādhyatvāt paridhīn api varjayet | 8. |
Barhiḥ paryukshaṇaṁ caiva vāmadevyajapas tathā
kratvāhutishu sarvāsu trikam etan na vidyate | 9. |
Havishyeshu yavā mukhyās tad anu vrīhayaḥ smṛtāḥ
māshakodravagaurādi sarvālābhe 'pi varjayet | 10. |

Pāṇyāhutir dvādaçaparvapūrikā
kaṁsādinā cet sruvapūramātrikā
daivena tīrthena ca hūyate haviḥ
svaṅgāriṇi svarcishi tac ca pāvake | 11. |

Yo 'narcishi juhoty agnau vyaṅgāriṇi ca mānavaḥ
mandāgnir āmayāvī ca daridraç ca sa jāyate | 12. |
Tasmāt samiddhe hotavyaṁ nāsamiddhe kadācana
ārogyam icchatāyuç ca çriyam ātyantikīṁ parām | 13. |
Hotavye ca hute caiva pāṇiçūrpāsyadarvibhiḥ
na kuryād agnidhamanaṁ kuryād vā vyajanādinā | 14. |
Mukhenaike dhamanty agniṁ mukhād dhy esho 'dhyajāyata
nāgniṁ mukheneti ca yal laukiko yojayanti tat | 15. |

X.

Yathāhani tathā prātar nityaṁ snāyād anāturaḥ
dantān prakshālya nadyādau gṛhe cet tad amantravat | 1. |
Nāradādyuktavārkshaṁ yad ashṭāṅgulam apāṭitam
satvacaṁ dantakāshṭhaṁ syāt tadagreṇa pradhāvayet | 2. |

Utthāya netre prakshālya çucir bhūtvā samāhitaḥ
parijapya ca mantreṇa bhakshayed dantadhāvanam || 3. ||
Āyur balaṁ yaço varcaḥ prajāṁ paçūn vasūni ca
brahmaprajñāṁ ca medhāṁ ca tvaṁ no dhehi vanaspate || 4. ||
Māsadvayaṁ çrāvaṇādi sarvā nadyo rajasvalāḥ
tāsu snānaṁ na kurvīta varjayitvā samudragāḥ || 5. ||
Dhanuḥsahasrāṇy ashṭau tu toyaṁ yāsāṁ na vidyate
na tā nadīçabdavahā gartās te parikīrtitāḥ || 6. ||
Upākarmaṇi cotsarge pretasnāne tathaiva ca
candrasūryagrahe caiva rajodosho na vidyate || 7. ||
Vedāç chandāṁsi sarvāṇi Brahmādyāç ca divaukasaḥ
jalārthino 'tha pitaro Marīcyādyās tatharshayaḥ || 8. ||
Upākarmaṇi cotsarge snānārthaṁ brahmavādinaḥ
yiyāsūn anugacchanti saṁtushṭāḥ khaçarīriṇaḥ || 9. ||
Samāgamas tu yatraishāṁ tatra hatyādayo malāḥ
nūnaṁ sarve kshayaṁ yānti kim utaikaṁ nadīrajaḥ || 10. ||
Ṛshīṇāṁ sicyamānānām antarālaṁ samāçritaḥ
saṁpibed yaḥ çarīreṇa parshanmuktajalacchaṭāḥ || 11. ||
Vidyādīn brāhmaṇaḥ kāmān varādīn kanyakā dhruvam
āmushmikāny api sukhāny āpnuyāt sa na saṁçayaḥ || 12. ||
Açucy açucinā dattam āmam acchajalādinā
anirgatadaçāhās tu pretā rakshāṁsi bhuñjate || 13. ||
Svardhunyambhaḥsamāni syuḥ sarvāṇy ambhāṁsi bhūtale
kūpasthāny api somārkagrahaṇe nātra saṁçayaḥ || 14. ||

|| Iti karmapradīpapariçishṭe Kātyāyanaviracite
prathamaḥ prapāṭhakaḥ. ||

Übersetzung.

I.

1. Nunmehr werde ich die Regeln für die von Gobhila besprochenen Handlungen, ebenso auch für andere, die dunkel sind, klar geben wie eine Leuchte.

2. Die heilige Schnur soll aus drei Fäden gemacht werden, die dreimal nach aufwärts und dreimal nach unten gewunden sind. An ihr ist ein Knoten vorgeschrieben.

3. So daß sie, am Rücken und am Nabel getragen, die Hüfte berührt; in solcher Weise ist die heilige Schnur zu tragen, nicht unter diese Stellen herabhängend, nicht darüber hinaus in die Höhe gehend.

4. Jederzeit soll an das heilige Werk gegangen werden nur von einem, der die heilige Schnur trägt und den Schopf gebunden hat; was er ohne Schopf und ohne Schnur thut, das gilt als nicht gethan.

I. 1. anyeshāṁ caiva karmaṇām d. h. die allen Schulen gemeinsamen, wie die Verehrung der Mütter und Ähnliches. anyeshāṁ ca mātṛpūjanādisarvaçākhāsādhāraṇānāṁ ity arthaḥ.

3. Eine abweichende Bestimmung über das Tragen der Opferschnur giebt Gṛhyāsaṁgraha II, 54. Der Kommentar freilich erklärt unser etas mit stanād ūrdhvaṁ nābheç cādho etc. und führt auch die in der gewöhnlichen Darstellung (Gobh. I, 2, 1—4) erwähnte Befestigung an der linken Schulter beim „Rechtsbehängtsein" an, ohne irgend einen Widerspruch zu konstatieren. Ist unsere Beschreibung wohl identisch mit dem „Untenbefestigen der Opferschnur", wie sie Āçval. IV, 2, 9 bei der Totenbestattung verlangt? — Über den Stoff der Opferschnur vgl. Gobh. G. S. 1, 2, 1.

4. Sadā vom Lernen der Sāvitrī bis zur Stufe eines paramahaṁsaparivrāj. — Über die çikhā vgl. Gobh. III, 4, 24. — Na tat kṛtam = na tat phalabhāgi.

5. Nachdem er dreimal Wasser zu sich genommen hat, zweimal den Mund abgewischt, soll er folgende Glieder betupfen: Mund, Nase, Augen und Ohren, auch den Nabel und die Brust, das Haupt und die Achseln.

6. Mit dem Daumen und dem Zeigefinger (zusammengelegt) soll er ebenso die Nase betupfen, mit dem Daumen und dem Ringfinger Auge und Ohr zu wiederholten Malen.

7. Mit dem kleinen Finger und dem Daumen den Nabel, mit der Handfläche jedoch das Herz; mit allen Fingern soll er den Kopf betupfen, zuletzt auch die Arme mit der Spitze.

8. Wo eine Handlung anbefohlen, das Glied des Verrichters der Handlung jedoch nicht erwähnt wird, bei der ist die rechte Hand als Verrichterin der Handlungen zu verstehen.

9. Wo eine beschränkende Bestimmung in betreff der Himmelsrichtung nicht vorliegen sollte bei Gebetopfer- und anderen Handlungen, da sind drei Himmelsrichtungen angegeben: die Indragegend (d. i. Osten), die Somagegend (d. i. Norden), die (welche die) Unbezwungene (heifst) (d. i. Nordosten).

10. Wo es darüber, ob die Handlung stehend, sitzend oder niedergekauert auszuführen ist, keine derartige Bestimmung giebt, da ist im Sitzen die Handlung zu vollziehen, nicht im Stehen, nicht im Kauern.

---

5. Das Abwischen des Mundes geschieht nach dem K. mit dem brāhmatīrtha d. h. der Fläche der Daumenwurzel. Nach Manu II, 58 wird auch das Betupfen mit dieser Stelle der Hand vollzogen. Anders lehrt unser Text.

6. Mit der linken Hand geschieht z. B. das Streuen des Darbhagrases, das darbhanirasana.

9. japahomādikarmasu: ādiçabdenācamanasandhyopāsanādīny api karmāṇi gṛhyante. — Den Grund für die Wahl dieser drei Himmelsgegenden giebt A. mit folgenden Worten: Aindrī çāntir bhaved iti smaraṇapūrvakatvāt | saumyottarā | tasyāṁ çriyaç cakṣuṣī bhaveyur iti ca | aparājitā pūrvottarā aiçānīty arthaḥ | tatra ca sakalakāmāvāptir iti |.

Nach Vers 10 geht der Kommentar mit folgenden Worten zu dem in allen anderen Handschriften wie den Ausgaben als V. 13 erscheinenden Verse über: Iti sādhāraṇakarmakaraṇavidhim uktvedānīm ācāryo 'nuktam ādhānādimaṅgalakṛtyeṣu mātṛpūjanavidhiṁ didarçayiṣur āha |. Es liegt kein Grund vor, ihm hierin zu folgen, da V. 13 nur eine allgemeine, das in 11 und 12 gesagte wiederholende Bestimmung enthält und das vṛddhau in V. 12 näher bezeichnet durch karmādiṣu.

11. Die Weltenmütter Gaurī, Padmā, Çacī, Medhā, Sāvitrī, Vijayā, Jayā, Devasenā, Svadhā, Svāhā,

12. Dhṛti, Pushṭi, ebenso Tushṭi samt der Gottheit der eignen Familie, diese vierzehn, zu denen noch Gaṇeça hinzukommt, sind bei einer Vṛddhihandlung zu verehren.

13. Bei allen Anfängen der Handlung sind die Mütter samt dem Gaṇādhipa mit Eifer zu verehren; wenn man ihnen Verehrung darbringt, vergelten sie diese Verehrung.

14. Nachdem er sie auf schöne Bilder oder auf Zeug u. s. w. oder auch auf Haufen von unenthülstem Korn gemalt hat, (soll er sie verehren) und (zwar) mit verschiedenen Naivedya-Darbringungen.

---

11. 12. Über die Mütter vgl. B.-R. s. v. mātar. — ātmadevatā erklärt A. mit svakuladevatā und svagotradevatā. Vṛddhi: Gleichbedeutend mit abhyudayaçrāddham, „Manenopfer bei freudigen Anlässen", wie es im Çrāddhakalpa 4 (1—5) geschildert ist. Tarkalaṁkāra zu Çrāddhak. 4, 1 bemerkt: Das ābhyudayikaṁ çrāddham findet bei frohen Ereignissen wie Hochzeiten u. s. w. statt. — Dieses Çrāddha ist vorzunehmen nach der Mutterverehrung, der vasordhārā und dem Murmeln der Ayushyaverse. Vgl. Yājñavalkya 1, 249. Die Zeit des abhyudayaçrāddha bestimmt näher Çāṅkhāy. G. S. 4, 4: „Das Abhyudayaopfer findet statt in der Monatshälfte des zunehmenden Lichtes an einem glücklichen Tage nach Vollziehung des Mutteropfers." Nārāyaṇa zu Açvalāy. II, 5, 13 Stenzler: Gegenstände der Opfer des Gedeihens sind nach einigen die fünf Handlungen: a) Mannoszeugung, b) Aufstreichen der Haare, c) Haarschneiden, d) Einführen beim Lehrer, e) Ehe, Anlegung des Feuers und andere Çrautahandlungen. Nach anderen sind es die 16 Sakramente (saṁskārās), die Çravaṇahandlung und die Çrautahandlungen. Gegenstände der Erfüllungsopfer (vgl. vṛddhipūrteshu Gobh. IV, 3, 35) sind Anlegung von Teichen, Brunnen, Tempeln u. s. w. In der Darstellung des Karmapradīpa folgt die Schilderung des ādhāna unmittelbar der der Vṛddhihandlung. Es wird also beides verbunden gedacht.

13. pūjitāḥ pūjayanti tāḥ — tā mātaraḥ pūjitāḥ satyaḥ punaḥ punaḥ pūjayitāraṁ dhanadhānyaputrapaçvādibhiḥ pūjayanti saṁvardhayantity arthaḥ |.

14. çubhrāsu rajatamarakatādimayīshu pratimāsu mūrtishu vishaye ca pūjanīyāḥ. atha paṭādishu likhitvā — ādiçabdāt paṭabhittyādisthāneshv api nijavāhanāyudhādilakshaṇopetā likhitvā pūjyāḥ | api vākshatapuñjeshu — yavabhavamushṭishu | idaṁ vikalpakalpanaṁ ca kuladharmaparam. — Die Naivedya bestehen aus Blumen, Wohlgerüchen, Räucherwerk, Betel, Gewändern, Reisschleim, Kampfer, Parpaṭagebäck, wie der Kommentar angiebt. Die Wahl des Stoffes ist der in den Familien üblichen, althergebrachten Sitte überlassen. Über akshata° vgl. Dubois, Moeurs des peuples de l'Inde 1, 203.

15. So daſs sie die Wand berührt, soll er die „Strom des Gutes“ genannte Libation mit Ghee in siebenfachem Gusse oder auch in fünffachem nicht zu niedrig und auch nicht zu hoch ausführen.

16. Hierbei soll er der Sühnung wegen aufmerksam die Āyushyasprüche murmeln und dann mit Hingebung zur Ausführung des Çrāddha für die sechs Manen schreiten.

17. Ohne den Vätern im Çrāddham geopfert zu haben, soll er keine vedische Handlung verrichten; vorher sind auch die Mütter mit Eifer zu verehren.

18. Die von Vasishṭha gelehrte Satzung ist hier ganz zu befolgen ohne Fleischspende.

Nunmehr will ich ferner verkünden, welcher Unterschied hier sich findet.

II.

1. Am Morgen soll er Priester in gerader Zahl einladen, dann soll er sie in zwei Reihen stellen und mit der rechten Hand ihnen Kuçagras geben.

---

15. Vasordhārā (Strom oder Quelle des Gutes) ist eine bestimmte Libation an Agni; D.-R. s. v. — kārayet: Das geschieht nach A. durch seinen Sohn oder Schüler, nie darf er es allein verrichten. — ghṛtena tu: Wenn Ghee nicht vorhanden ist, aber nur dann, so kann man auch Sesam und die übrigen Stoffe nehmen, d. h. die bei Gobhil. I, 7, 20 angegebenen: Milch, Molken und Kornmehlbrühe. — Diese Libation soll er nicht zu niedrig und nicht zu hoch ausführen lassen, d. h. nicht unter oder über die Bilder der Mütter (mātṛṇām adhastāt etc.).

16. āyushyāṇi — abodhyādīni sāmāni. Die Sāmans, die den mit abodhi agniḥ Ṛ.V. 5, 1, 1 = Sām.V. I, 1, 2, 3, 1 beginnenden als ersten haben. Sie heiſsen āyushyāṇi, weil: eteshām ekam ekaṁ vā sarvāṇi vā prayuñjānaḥ çataṁ varshāṇi jīvatīti vidhibrāhmaṇaçruter (Sāmavidhānabr. 2, 1, 5) etāny evāyushyāṇi. — bhakti = çraddhā. — Shaḍbhyaḥ pitṛbhyas s. zu II, 1.

17. mātṛpūjanam und pitṛçrāddham kommen also nie als Einzelopfer vor. Sie gehen beide einem karma vaidikam voraus. Einem pitṛçrāddham geht stets ein mātṛpūjanam voraus.

18. Vasishṭhoktaḥ — Vasishṭhasmṛtivihitaḥ . . . Vasishṭhasmṛtena çrāddhakalpam ucyate. — nirāmishaḥ | māṁsadānarahitaḥ, vergl. Çrāddhakalpa 6, 6 ff. — viçeshaḥ: der Unterschied des abhyudayaçrāddham vom gewöhnlichen pitṛçrāddham.

II. 1. Das Einladen der Brahmanen kann auch am vorhergehenden Tage stattfinden und das mātṛpūjanam in der Nacht, dem Kommentare nach. Va-

2. Gelbliche Darbhabüschel sind für die Opfer bestimmt, gelbe für die Kochopfer, solche mit der Wurzel für die Väteropfer, gesprenkelte für das Allgötteropfer.

3. Gelblich sollen sie sein (in diesem Falle), mit dem Büschel an der Spitze, saftlos, glänzend, nach Vorschrift hingelegt, ein ratni lang, mit der Handstelle zwischen Daumen und Zeigefinger gestreut.

4. Die Darbhabüschel, die für das Klöfsespenden gestreut und zur Opferstreu verwendet wurden, und die, die man hielt, während man seine Notdurft verrichtete und harnte, deren Beseitigung ist vorgeschrieben.

---

sishṭha XI, 17. Hier fällt die Zeit der Einladung, wie des mātṛpūjanam und pitṛçrāddham auf den Morgen. Auch Çrāddhakalpa I, 5: Tad ahar brāhmaṇān āmantrya purvedyur vā. Dann folgt hier bis 15 eine Schilderung der verlangten Eigenschaften der einzuladenden Brahmanen. Yugmān — param anyaçrāddhavan nāyugmān kiṁ tu yugmān | etad uktaṁ bhavati | pratipurushaṁ dvau dvau | athavā pratipaṅktim ubhayataḥ pitṛpaṅktau mātāmahapaṅktau ca. „Yugmān“, wie es beim daivam, d. i. vaiçvadevam, vorgeschrieben ist Çrāddhak. I, 10. Vasishṭha XI, 27. Die Verehrung von sechs Vätern ist hier vorgeschrieben; diese sind Vater, Grofsvater, Urgrofsvater des Opfernden (pitṛpaṅkti) und der Vater, Grofsvater, Urgrofsvater seiner Mutter (mātāmahapaṅkti).

2. Harita, sonst „falb, gelb“, setzt der Kommentar = nīlavarṇa. — Yajñiyāḥ — somayāgādidevayāgakarmakamyaviçishṭaphaladāḥ | ye ca pītakāḥ syus te darçapaurṇamāsaçravaṇākarmādipākayajñeshu praçastāḥ. | Samūlā mūlasamīpe lūnā ye haritādayo bhavanti te pitṛdevatyāḥ, vgl. Gobhila I, 5. 17: Upamūlalūnāḥ pitṛbhya iti, der jedoch auch bei der Çravaṇāhandlung III, 7, 21 darbhastambhaṁ samūlam verlangt. — tathā ca Yamaḥ:

Samūlas tu bhaved darbhaḥ pitṝṇāṁ çrāddhakarmaṇi
mūlena lokaṁ jayati çakrasya tu mahātmanaḥ ||

In der Yamasmṛti (ed. Bombay çak. 1805 p. 367 ff.) steht diese Strophe nicht.

3. Sapiñjūlāḥ sāgrāḥ | athavā madhyamañjarīsahitāḥ | ayam āçayaḥ | ye sagarbhās te çishṭācāratvād anantargarbhiṇaḥ kāryāḥ | ye ca mañjarīmaṇḍitās te tathaiva yojyā iti | tathā ca çushkāḥ | iti saty ūrdhvam niyamo nirastaḥ | paraṁ çushkā api snigdhāḥ | rūksharūpā yena syur ity abhiprāyaḥ.

4. Dieser Vers kommt in ähnlicher Gestalt im Gṛhyāsaṁgraha II, 67 vor, wo die Übersetzung Bloomfields mir nicht zutreffend erscheint. Wenn ich den Kommentar recht verstehe, so werden mit den dhṛtaiḥ die Gräser verstanden, die man den Brahmanen auf den Sitz gab (V. 7) und die sie nīvīmadhye in der Mitte des Schofses hielten. Falls sie mit diesen Gräsern in der Hand, „indem sie sie trugen“, ihre Notdurft befriedigten, so waren die Gräser unrein und konnten nicht zu einem neuen Opfer benutzt werden. Gṛhyāsaṁgr. II, 85: Das nicht zur Streu verwendete und nicht verunreinigte Gras behält seine Kraft.

5. Das rechte Knie soll er stets senken, wenn er die Götter verehrt, und er soll das andere Knie senken, wenn er die Väter verehrt.

6. Doch hier beim abhyudayaçrāddha findet sich nie das Senken des linken Knies, stets soll er auch den Vätern seine Verehrung darbringen, wie er sie den Göttern gewährt.

7. Er soll diese (die Brahmanen) mit dem Ausruf: „den Vätern" ihren bequemen Sitz auf Kuçagras nehmen lassen, die Väter mit ihren Geschlechtsnamen auffordern und durch die Brahmanen die Ehrenwasserspende austeilen lassen.

8. Er darf hier nicht mit der rechten Hand und nicht mit der Manenstelle der Hand celebrieren; das Füllen der Gefäfse u. s. w. soll er mit der Götterstelle der Hand vornehmen.

9. Nachdem er sie eine solche Stellung hat einnehmen lassen, in der der Erste die Hand höher hält (als der Zweite, und so fort), in der sie die Spitzen der Läuterungshalme mit den Spitzen

---

5. Es folgt die allgemeine Regel über den Kniefall, wie sie bei allen Handlungen befolgt wird. Die Götter werden stets mit dem rechten Knie verehrt, die Väter mit dem linken.

6. Jedoch beim abhyudayaçrāddham: atra asminn abhyudayaçrāddhe sadā sarvakālam pitṝn api savyakaraṇadevatīrthādividhinā devavat paricared yatas te pitṛrūpiṇo devā evāto hetoḥ savyasya jānuno na vihito nipātaḥ | kvacid vikārādishv apity arthaḥ.

7. upaveçya kuçeshu tān — vgl. Çrāddhakalpam II, 1. Āsaneshu darbhān āstīrya. — Er giebt den Brahmanen Kuçagras für den Sitz (āsanakuçāḥ) mit den Worten: devebhyaḥ pitṛbhyo mātāmahebhya idam āsanaṁ svāhā! Die Götter sind die Vasus, Rudras und Ādityās, Manu III, 284; Yājñ. I, 268. Also erscheint hier nach dem Kommentar eine devapaṅkti. Die Götter nehmen teil am çrāddham. Ein daivam soll nach Manu II, 205 dem pitryam vorausgehen und folgen. Durch das daivam werden die Väter geneigt gemacht. Er redet die Väter mit ihrem Familiennamen, mit ihrem Patronymikon an; auch hier wieder die devapaṅkti, pitṛpaṅkti und mātāmahapaṅkti nach dem Kommentar. Dem geht voraus das Vorbereiten der Gefäfse (sauvarṇarājataudumbarakhaḍgamaṇimayānāṁ pātrāṇām), die ebenfalls in gerader Zahl vorhanden sein müssen, nach dem Ausstreuen von Gerste mit den Worten yavo 'si, während Sesam und die Worte tilo 'si bei dem gewöhnlichen pitṛçrāddham gebraucht werden.

8. Vgl. das zu V. 6 Citierte.

9. Beim gewöhnlichen pitṛçrāddham wird das arghyam jedem einzelnen Brahmanen über die Hände gegossen, die die Läuterungshalme halten. Çrāddhakalpa II, 14 ekaikasyaikaikena dadāti sapavitreshu hasteshu. Atrābhyudayaçrāddhe

der Hände halten und paarweise stehen, ist das Ehrenwasser zu spenden, nicht wird es einem nach dem anderen gegeben.

10. Ohne einen jungen Schofs im Innern, mit der Spitze, von Kuçagras, aus zwei Hälften bestehend, von einer Spanne Länge, so wisset, soll der Läuterungshalm sein, wo er immer (angewendet wird).

11. Hiermit ist auch das Merkmal des Darbhagrashalmes (piñjūlī) angegeben; auch das zum Reinigen des Opferschmalzes dienende (pavitram) ist hiermit besprochen.

12. Andere erklären die piñjūlī als von derselben Länge (wie das pavitram), von Kuçagras, jedoch auch mit frischem Blütenbusch oder saftlos und der Blüten verlustig.

---

tv (E*: shu) anyaçrāddhavad ekaikasya brāhmaṇasya hasto dvitrādibhyo 'rghyaṁ na dīyata iti vākyaçeshaḥ | kathaṁ tarhi | yugmān kṛtvārghyaṁ dātavyam | kathaṁ yugmān jyeshṭhottarakarān | ādyasya karo dvitīyabrāhmaṇakaropari vidyato yeshāṁ te tathā | na kevalaṁ tathā | kiṁ tu karāgrāgrapavitrakān | karāgro 'ṅgulyagropari pavitrāgraṁ vidyate yeshāṁ te tathā. | — Wie Tarkalaṁkāra zu Çrāddhak. II, 16 bemerkt, ist das „karāgrapavitrakān“ ein Beispiel für den viçesha von der Vorschrift des Vasishṭha, den der Verf. im 18. Verse des l. k. zu geben verspricht. Also versteht auch er das Çrāddhakalpam unter jener Bezeichnung, denn jenes behandelt ausführlich die Vorschrift des pitṛçrāddham, berührt jedoch nur flüchtig die Unterschiede des abhyudayaçrāddham.

10. Zu diesem Verse vergl. Āçval. G. S. 1, 3, 2. 3 = Kātyāy. Çrautas. 2, 3, 31: Pavitrābhyām ājyasyotpavanam | apracchinnāgrāv anantargarbhau prādeçamātrau kuçau. — apracchinnāgrau = sāgraṁ. — ekadalaçabdena madhyabhinnam ucyate tathā tan na kuryāt | kiṁ tu daladvayasahitaṁ gṛhṇīyād ity arthaḥ. | Diese beiden Läuterungshalme werden von dem barhis genommen, Gobh. I, 7, 21. An unserer Stelle werden die beiden Halme als ein Stück betrachtet, als das pavitram bezeichnet und deshalb dvidalam hinzugesetzt.

11. Die piñjūlyas sind die Darbhagrashalme, die einmal zur Ceremonie der Haarscheitelung (Gobh. II, 7, 5) und des Haarschneidens (9, 4. 14), dann bei der Anvashṭakāfeier verwendet werden. Auch das pavitram des Opferschmalzes hat dieselbe Gestalt: ājyasya homīyaghṛtasyotpavanārthaṁ yat pavitraṁ tad apy anantargarbhādicihnasahitam etāvad eva syān mataṁ. Vgl. Gṛhyāsaṁgraha I, 105, Çāṅkhāy. 1, 8. Die Zahl der piñjūlyas ist nach Āçval. I, 17, 6 beim Haarschneiden drei, vgl. zu V. 10, Āçval. I, 3, 2. Gobh. I, 7, 21—26.

12. Etatpramāṇam etc.: eke maharshaya etatpramāṇām uktapavitrapramāṇāṁ kauçīṁ kuçamadhyabhavām ārdramañjarīm eva piñjūlīsaṁjñakāṁ parīcakshate | parivadanti | ārdrābhāve ca çushkāṁ nirasāṁ çīrṇakusumāṁ galitapushpaṁ ca.

13. Beim Hersagen von Manensprüchen, bei der Berührung des eignen Körpers, wenn er ein Wesen niedrigster Art sieht, beim Vonsichgeben von Wind aus dem Körper, bei Gelächter, beim Sprechen von Unwahrheiten,

14. Bei Berührung einer Katze oder Maus, wenn er beschimpft wird oder (selbst) zornig wird, bei allen diesen Omina soll der Verrichter einer heiligen Handlung Wasser berühren.

III.

1. Die Wissenden geben drei Arten von Verstößen gegen das Ritual (akriyā) von Seiten der Ausführer der heiligen Handlungen an: Erstens die völlige Unterlassung einer Handlung, dann das Handeln nach fremder Vorschrift, drittens wenn eine Handlung anders (als vorgeschrieben) verrichtet wird.

2. Wer böswillig die eigene Schule aufgiebt, sich einer fremden anschliefst und dann heilige Handlungen zu begehen wünscht, dessen Wirken ist eitel.

3. Was in der eignen Schule nicht erwähnt ist, jedoch in einer fremden gelehrt ist und (dem Grundprinzip der eignen Schule) nicht widerstreitet, das ist von den Wissenden auszuführen nach Art des Agnihotrams und der übrigen Handlungen dieser Art.

4. Wenn jemand irgendwie aus Irrtum eine begonnene Handlung anders ausführt und sie auch so falsch vollendet,

5. so soll er, wenn er nach der Vollendung erkennt: Ich habe dies anders (als es Vorschrift ist) ausgeführt, die Handlung von jenem Punkte an (wo der Irrtum entstand) wiederholen, nicht ist die Wiederholung der ganzen Handlung (nötig).

---

13. 14. Pitryamantrānuharaṇe, vgl. Çrāddhakalp. II, 6: Apahatā asurā rakshāṁsi vedishada iti tilair anvavakiryāpa upaspṛçati. Gobhil. IV, 3, 9. — Ātmālambho hastena hṛdayasparço | athavā hastena nābher adho dehasparçe. — adhamekshaṇe çvarajasvalāntyajādidarçane.

III. 1. Paroktā — paraçākhoktā, dazu V. 2, vgl. Gṛhyāsaṁgr. II, 91—93.

3. Yat karma svaçākhāyāṁ nijaçākhāyāṁ nāmnātaṁ na kathitaṁ bhavati alpatvenāpīti çeshaḥ … paroktaṁ ca paraçākhoktam ekoddishṭānnavikaraṇavad virodhi na bhavati kiṁ tv anishiddhaṁ bhavati tat karma vidvadbhir dharmatattvavettṛbhir agnihotrādikarmavad anushṭheyaṁ karaṇīyam iti |.

4. 5. Yato mayā tad aṅgam etasya karmaṇo 'yathārthaṁ iti kṛtaṁ karmakṛd yadi kathaṁcij jānīyāt tadā tāvad eva vaishṇavyarcajapamahāvyāhṛ-

6. Wo ein Fehler bei einer Haupthandlung vorkommt, da wird diese mit der Nebenhandlung noch einmal vollzogen; wo ein Fehler bei einer Nebenhandlung sich einstellt, da findet sowohl keine Wiederholung (der Haupthandlung) statt, als auch kein (wiederholter) Vollzug dieser (Neben-) Handlung.

7. Das dreimalige Murmeln von „Madhu, Madhu" der zu essen wünschenden, welches dort stattfindet unmittelbar nach der Gāyatrī, das erscheint hier ohne Begleitung des Madhuspruches.

8. Niemals soll er hier, während sie essen, die Pitṛsaṁhitā murmeln; ein anderes Gebet ist zu verrichten, ein schönes, das den Somasāman als Anfang hat.

9. Der Speisehaufen, der dort (bei den übrigen çrāddhas) in der Nähe der Überbleibsel (je nachdem) mit Sesam- und Gersten-

---

tyādihomādyācāryādismṛtaṁ prāyaçcittamātram eva punaḥ kuryāt | na sarvasya karmaṇa āvṛttiḥ āvartanaṁ bhavati.

6. Yatra yasmin karmaṇi dvijabhojanapiṇḍadānapradhānahomādeḥ pradhanasya mukhyasyākriyākaraṇaṁ bhavati tat karma sāṅgam aṅgasahitam āditaḥ kriyate | tadaṅgasya karmāṅgasya ca kriyāyā akaraṇe jāte sati nāvṛttir nāṅgakaraṇārtham āditaḥ sarvakarmāvartanaṁ | na tatkriyā | nāṅgakaraṇaṁ punar bhaved ity arthaḥ |. Nach diesem Exkurs kehrt der Verfasser zur Schilderung des Çrāddham zurück, das mit der Speisung der Brahmanen fortfährt:

7. Evam açitum icchatāṁ bhoktukāmānāṁ tatra tasmin prastāve „madhu madhu madhu" iti yo yajamānasya vāratrayaṁ japaḥ sa gāyatrījapād anantaram atrābhyudayaçrāddhe madhu vātā ṛtāyate madhu ksharanti sindhava (Ṛ. V. 1, 90, 6) iti mantrajapavivarjito bhavatīti vākyaçeshaḥ, vgl. Çrāddhak. II, 20. Baudhāyana II, 14, 5.

8. Die pitṛsaṁhitā finden wir nach Sāmavidhānabrāhmaṇa 1, 4, 20 bei Tarkālaṁkāra zum Çrāddhakalpa II, 20 (vyāhṛtipūrvāṁ sāvitrīṁ tasyāṁ caiva gāyatrīṁ pitryāṁ ca saṁhitāṁ mādhucchandasīṁ ca) beschrieben. Sie besteht aus sieben Sprüchen:

1. Yad vā u viçpatiḥ Ṛ. V. 8, 23, 13.
2. sanād agne Ṛ. V. X, 87, 19.
3. akshann amīmadanta hi Ṛ. V. 1, 82, 2.
4. abhi tripṛshṭham Ṛ. V. 9, 90, 2.
5. akrānt samudraḥ Ṛ. V. 9, 97, 40 = S. V. 1, 6, 1, 4, 7.
6. kanikranti Ṛ. V. 9, 95, 1 und 2.

Sie ist auch in Indien besonders herausgegeben worden. Der Somasāman, der an ihrer Stelle gemurmelt wird, beginnt nach dem Kommentar mit „Somo 'pi devaḥ pitṛnād ato yas te madaḥ". Wahrscheinlich sind das zwei Strophen, deren zweite mit yas te madaḥ beginnt.

9. Tatra tasmin samaye dvijatṛptijñānād anantaraṁ yo 'nnasya tilavad ucchishṭasaṁnidhāv anyaçrāddheshu prakaro bhavati, sa tathaiva karmakaraṇavad

körnern gemacht wird (vgl. Çrāddhak. 2, 9. 10), der wird hier (beim abhyudayaçrāddha), wenn (die Brahmanen) gesättigt sind, (den anderweitigen Vorschriften) entgegengesetzt (mit Sesam- und Gerstenkörnern zusammen) gemacht.

10. An Stelle der Frage: „Seid ihr gesättigt?“ wird vorgeschrieben: „Ist es gelungen?“ Wenn sie geantwortet haben: „Es ist wohl gelungen!“ soll er ihnen den Rest der Speise anbieten.

11. Dann soll er auf dem Darbhagras, dessen Spitzen nach Osten gerichtet sind, den ersten (der Väter) auffordern, wie vorhin, und soll Wasser ausgiefsen auf die Wurzeln (des Darbhagrases) aus den Gefäfsen mit den Worten: „Wasche dich!“

12. Den zweiten und dritten (der Väter soll er auffordern, indem er ausgiefst) auf die Mitte und die Spitze; die anderen drei von dem Vater der Mutter an links von diesen.

---

apasavyādividhiviparītako 'rghadānādivad yavayuto bhavati | ayam arthaḥ | durgatigatānām api tilabhagnadarbhapitṛtīrthādiyogyatvaṁ mā bhūd asya çrāddhasya maṅgalatvāt | te 'pi devavad avatishṭhantv iti | na ca sakṛt sakṛd apo dattvānnaṁ vikired (Çrāddhak. 2, 29) iti kartavyam | kutaḥ | tṛptān jñātvānnaṁ vikired iti kartavyam | tṛptān jñātvānnaṁ prakīryeti ca Vāsishṭhaçrāddhakalpāt (Çrāddhak. 2, 28) smṛtaṁ ca Yogīçena (= Yājñav. 1, 240) iti | krameṇety arthaḥ | prakarasya puṁliṅganirdeçe saty api yavavad iti klībaliṅgaviçeshaṇaṁ liṅgabhedenoti jñātavyaṁ kiṁ tat | vedāḥ pramāṇam ityādivat | eke cāsyaivam arthaṁ vyācakshate | tatrābhyudayaçrāddhe brāhmaṇeshu tṛpteshu yo 'nnasya prakaro bhavati sa sarvasmād apy etasmād viparītako bhavati | kathaṁ viparītakaḥ | tilavat tathā yavavac ca tilayavābhyāṁ miçra ity arthaḥ. Meine Übersetzung ist unsicher. Darauf giebt er jedem einzelnen Wasser zum Mundspülen und Händewaschen und stellt die im folgenden Verse angeführte Frage:

10. Tṛptiḥ atha iti praçnasthāne (Çrāddhak. II, 29, Manu III, 251) „saṁpannam“ iti praçnaḥ vaktuṁ vidhīyate yajamānasya tato vipraiḥ susaṁpannam iti prakarsheṇa suçabdam ukte çesham annam asti tad anujñāyatām ity amunā vidhinā nivedayet | nivedite çeshṭaiḥ saha bhujyatām ity ādikaṁ vipravacanaṁ tathaiva pālanīyam | yathāhatur Manu-Yamau: Bhuktavatāṁ teshāṁ çesham annaṁ nivedayet (Manu III, 253, vgl. 254).

11. Atha saṁpannapraçnād anantaram upalipteshu prāgagreshu darbheshu pūrvābhimukhāgrāstṛtadarbheshu na tv atra dakshiṇāgreshu | ādhāro saptamī | svapitṛgotranāmagrahaṇonādyaṁ pitaraṁ pūrvavad yathārghadānakāle evam āmantrya saṁbodhya pātrato hiraṇyādyarghapātrād yavair miçrā apo 'mbhāṁsi avanenikshveti vadan kuçānāṁ mūladeçe budhne parikshipet. Gobhil. IV, 3, 6.

12. Vaçabdo 'tra pitṛvat sambodhyāvanejayet | tata eteshāṁ pitrādīnāṁ vāmato vāmabhāge tu punaḥ mātāmahaprabhṛtīn trīn pitṛgotranāmabhiḥ saṁbodhyāvanejayet | vāmataḥ ca piṇḍānāṁ avayavābhāvāt kartṛgataiva ishyate ittham ādyadvitīyatṛtīyapitṛgrahaṇāt tantreṇāvanejanadānaṁ nirastam.

13. Von einem jeden (Brahmanen) soll er dann (den Rest der) Speise wegnehmen, ihn mit Brühe beträufeln und Gerste, Sesam und Molken dazuthun, nach Osten gewendet.

14. In derselben Weise wie bei der Abwaschung (V. 11. 12) soll er die Klöfse spenden, die von der Gröfse einer Bilvafrucht sind, dann soll er sie (die Väter) wiederum mit einem Gufs aus dem Gefäfse sich waschen lassen.

IV.

1. Durch das aufwärtssteigende Spenden der Klöfse (von der Wurzel zur Spitze des Darbhagrases aufwärts) bei einer Çrāddhahandlung nimmt der Spendende stetig zu, durch das abwärtssteigende Spenden (von der Spitze zur Wurzel) sinkt er hinab.

2. Deshalb soll er bei allen Çrāddhahandlungen, bei denen, die den Charakter einer Vṛddhihandlung haben, und bei den anderen die Klöfse ausstreuen auf die Stellen der Wurzel, dann der Mitte, dann der Spitze, und zwar so, dafs sie nur ein wenig haften.

3. Stillschweigend soll er Wohlgerüche und die übrigen Stoffe ausstreuen, dann die Priester sich den Mund wischen lassen. Auch sonst gilt diese Vorschrift ohne den Reis.

---

13. Dvijabhuktaçeshāt sarvasmād dhavisho 'nnam uddhṛtya pātrāntare kṛtvā ghṛtamadhudugdhādivyañjanair upaskarair upasicya sekaṁ kṛtvā tad annam yavakarkandhudadhibhiḥ saṁyojya saṁyuktaṁ kṛtvā piṇḍān kārayitvā tatas taddānārthaṁ prāṅmukhaḥ pūrvadiṅmukha eva san | etad uktaṁ bhavati | piṇḍadāne 'pi dakshiṇāmukho mā bhūd iti. Es folgt das Piṇḍadānam.

14. Yadvad avanejanaṁ ādyadvitīyatṛtīyapitṛkrameṇa gotranāmasaṁbodhanayuktaṁ kuçamūlamadhyāgradeçeshu dattam evaṁ bilvasamapramāṇakān piṇḍān darbheshu dattvā athānantaraṁ tatpātrakshalanena piṇḍapātrakshālanena punar api vyāghuṭyāvanejayet.

IV. 1. Yajamānaḥ çrāddhakarmaṇi kriyamāṇe piṇḍānāṁ pitṛpitāmahaprapitāmahakrameṇa prāgagrastṛtakuçānāṁ mūlamadhyāgradeçeshūttarottaraṁ dānena putrapautraprapautrādibhir uttarottaro bhavej jyeshṭho bhaved ity arthaḥ | adharāṇāṁ çāgramadhyamūlastṛtaparikrameṇa piṇḍānām adhodhodānenādharo nīco bhavati.

2. itareshu — anvāhāryādiçrāddheshu. Anvāhāryakaṁ çrāddham ist das sich dem piṇḍapitṛyajña anschliefsende Totenmahl, an jedem Neumondstage begangen. Bei allen Çrāddhas ohne Ausnahme ist also das uttarottaradānam der Klöfse Regel.

3. Vgl. Tarkālaṁkāra zu Çrāddhakalpa II, 32 (ācānteshūdakaṁ pushpāṇy akshatān akshayyodakaṁ ca dadyat): ācānteshu brāhmaṇeshu satsu udakādikaṁ

4. Diese Vorschrift gilt auch sonst, nur indem dabei der Opferplatz sich nach Süden neigt, der Opfernde sich nach Süden wendet, das Opfergras mit den Spitzen nach Süden gerichtet ist.

5. Dann soll er die Erde gleich vorn besprengen mit den Worten: „Wohl besprengt soll sie sein!“ Mit den Worten: „Heilsam seien die Wasser!“ soll er auch (die Brahmanen) paarweise mit Wasser besprengen.

6. „Frohsinn verleihend sei es!“ Mit diesen Worten geschieht gleich darauf das Blumenspenden. „Unverletztheit und Heil möge sein!“ Mit diesen Worten soll er das ungeschrotene Getreide spenden.

7. Das Spenden des Akshayyawassers ist in derselben Weise angeordnet wie das Spenden des Ehrenwassers; stets soll er dies verrichten, indem er den Genetiv verwendet, nie den Dativ.

---

dadyāt | tasmād ūramanam idānīṁ dātavyam | tac caitat piṇḍeshu tūshṇīṁ gandhādikaṁ nihkshipya karaṇīyam | kutaḥ | Gandhādīn etc. Dies geschieht über die Klöfse: itthaṁ piṇḍadānād anantaraṁ tūshṇīm amantrakaṁ gandhapushpadhūpādīni piṇḍeshu nihkshipet. Diese Vorschrift gilt auch bei der anderen Gruppe der Çrāddha bei den anvāhāryādīni, mit Ausnahme des in III, 13 angegebenen Zusatzes von „yavakarkandhudadhibhiḥ“ zu dem Rest der Opferspeise für die Verfertigung der Klöfse; Çrāddhak. IV. Andere Beschränkungen der allgemeinen Çrāddharegel giebt der nächste Vers an:

4. Die Neigung des Opferplatzes geht nach Süden, der Opfernde ist nach Süden gewendet (prāṅmukhas III, 13), die Spitzen des Darbhagrases sind nach Süden gerichtet (prāgagreshu darbheshu III, 11). Denn der Süden ist die Himmelsgegend der Manen; Vasishṭha IV, 13. Das abhyudayaçrāddham hingegen zeigt auch in der Bestimmung der östlichen Richtung wieder die besondere Eigentümlichkeit, dafs die Manen bei demselben göttliche Ehren empfangen.

5. Atha piṇḍeshu sūtradānatatpūjanadvijācamanadānānantaram agrimabhūmiṁ dvijabhojanasthānād agrabhāgabhavāṁ bhuvam āsanantalaḥ siñcet suprokshitam astv iti mantram uktvā anuktatvāt sarvadravyasyodakenaiva siñcet | tato dvitvena yugmān brāhmaṇān „çivā āpaḥ santv“ ity uktvā udakena siñcet | caçabdād darbhān udakenārdrān kṛtvā tenodakena viprasekaḥ kartavyaḥ.

7. Pushpākshatādīn dattvā tato yad akshayyodakadānaṁ tatra samaye kriyate tad arghadānavad (II, 9) yugmadvijahasteshu pṛthag ekaikapitruccāraṇena na pratipaṅktiṁ dātum ishyate vidhiyate; Çrāddhak. II, 32. Für die Namensform in der Formel des Akshayyawassers soll er den Genetivus verwenden, also, wie der Scholiast anführt, sagen: Amukaçarmaṇa idaṁ çrāddham akshayyam astu. — Çāṅkhāy. IV, 4, 12, Çrāddhakalpa IV, 8: „Nāndīmukhāḥ pitaraḥ priyan-

8. Beim Ehrenwasser, dem Akshayyawasser, dem Klöfsespenden und dem Abwaschen soll die Opferschnur fehlen, ebenso der Svadhāruf.

9. Nachdem auf alle Bitten (des Opfernden) von den Brahmanen geantwortet ist, soll er die Klöfse, über die er die Reinigungshalme gelegt hat, begiefsen, indem er die Öffnung des Gefäfses nach oben hält.

10. Nachdem er sie stets hat paarweise: Svasti! sprechen lassen und nachdem er den Daumen des an der Spitze stehenden Priesters ergriffen hat, soll er sich vor ihnen verbeugen und dann ihnen nachschreiten.

11. Das ist die vollständige Vorschrift für das Çrāddham in gedrängter Kürze gegeben; die, welche diese kennen, die werden nie bei Çrāddhahandlungen Fehler begehen.

12. Wer dieses (mein) Çāstram kennt, das Gṛhyam (des Gobhila) und auch das Parisaṁkhyānam, desgleichen die Lehre Vasishṭhas, der versteht das Çrāddham, niemand sonst.

---

tām ity akshayyasthāno" (wie schon beim Einladen āvāhana: nāndīmukhān pitṝn āvāhayishye). Vgl. Tarkālaṁkāra S. 1044.

9. Evaṁ „çivā āpaḥ santv" — ity ādikāsu yajamānaprārthanāsu çrutāsu satishu dvijottamaiḥ vipraiḥ santv ity anuanā vidhānena prativacane prokte sati tataḥ pitṛmātāmahapaṅktyāṁ svāhāṁ vācayishya iti apṛshṭvā tataḥ sarvāsv eveti vacanād atrāpi vipratipattir nāsti | tad anu nyubjān arghān uttānān kṛtvā tattalasthaiḥ pavitrair antarhitān āchāditān piṇḍān udakena tenaiva pātreṇa siñcen na dugdhādinā na cāpi pātrāntareṇa; vgl. Çrāddhakalpa II, 33. 34. Nur steht hier Svadhā für Svāhā, vgl. V. 8. — 35 lautet: astu svadhety ukte svadhāninayanīye dhārāṁ dadyād: Ūrjaṁ vahantir ity uttānaṁ pātraṁ kṛtvā. Der Begleitspruch dieser Spende ist also der Spruch: Ūrjaṁ vahantīḥ.

10. drākshāmalakamūlāni yavāṁç câtha nivedayet
tāv eva dakshiṇārthaṁ tu dadyād vipreshu sarvadā

iti brahmapurāṇavaco 'pi vidhāya tataḥ svasti bhavanto bruvantu iti praçnena pūrvavad yugmān eva dvijān svastiçabdaṁ vācayitvā tato 'ṅgushṭhasya prakarsheṇa grahaṇaṁ daivikadvijasyāṅgushṭhagrahaṇam antareṇa dhuryasyādyasya pitṛpaṅktibrāhmaṇasya vidhāya sadaiva sarvakālam abhyudayādishu çrāddheshu tān praṇamya visarjya cānu paçcād gṛhasīmāṁ yāvad visṛjed iti |.

11. kṛtsnaḥ i. e. sāṅgaḥ.

12. Gṛhyam = Gobhilas Gṛhyasūtram. Parisaṁkhyānam = Gṛhyāsaṁgrahaḥ. Çrāddhavidhivishaye ya etāni vedajātāni | kāni tāni | idaṁ mayoditaṁ çāstraṁ tathā cācāryoktaṁ gṛhyaṁ tathaiva ca parisaṁkhyānaṁ pariçishṭaṁ tathā Gobhilīyātmajadyasmaraṇaṁ Vasishṭhoktam iti catushṭayam. Es folgen im nächsten khaṇḍa Bestimmungen über die Zeit des Çrāddham.

V.

1. Bei den Handlungen, welche von den celebrierenden Priestern wiederholt vorgenommen werden, sollen nicht bei jeder einzelnen Ausführung die Mütter (verehrt), auch nicht das Çrāddham (veranstaltet werden).

2. Bei der ersten Feueranlegung, bei den beiden täglichen Opfern (Abend- und Morgenopfer), ebenso bei dem Allgötteropfer, bei der Spendehandlung, bei dem Neumond- und ebenso Vollmondopfer,

3. Auch bei dem Erstlingsopfer, bei denen, so sagen die Sachkundigen, sei ein Çrāddham, nicht ein besonderes für jede einzelne Handlung.

4. Nicht soll bei den Ashṭakāfeiern ein Çrāddham sein, nicht wird bei einem Çrāddham noch ein besonderes Çrāddham verlangt, nicht bei den Handlungen der Schwangerschaft, der Geburt, des Verreisens und der Rückkehr.

5. Jene Gruppe von Handlungen, die als mit der Hochzeit beginnend (von Gobhila) angegeben worden ist und an deren Ende wir die Befruchtung gehört haben, bei der soll er nur im Anfang der Hochzeitshandlung ein Çrāddham veranstalten, nicht im Anfange einer jeden einzelnen (anderen) Handlung.

6. Für die Handlungen des Aus- und Einzuges des Rindviehes soll nur am Abend ein Çrāddham gehalten werden. Nicht

---

V. 1. Na sakṛt vāraṁ vāram ity arthaḥ | karmakāribhiḥ dvijaiḥ | yāni vaiçvadevanityahomādīni karmāṇy asakṛt kriyante vidhīyante teṣāṁ prayogaṁ prati ekaḥ pūrvoktā mātaro na bhaveyuḥ tathābhyudayaçrāddhaṁ ca neti çeshaḥ.

4. Ashṭakāç catasro 'pi prāyeṇa pitṛdaivatyāḥ (vgl. Gobh. III, 10, 1—8, der dort drei ashṭakā beschreibt, aber auch die Zahl von vier als Meinung Kautsas anführt) ataḥ prathamaprayogo 'pi tāsu tāsu tāvac chrāddhaṁ vidhāya homapūrvaṇaçrāddhe na kampīyo | kiṁ tu tadanantaram api kartavyam | tathā na çrāddhe piṇḍapitṛyajño karmaṇi pitṛtvād eveshya iti | Der Soshyantīhomaḥ Gobh. II, 7, 13—16; Jātakarma Gobh. II, 7, 17—19.

5. yaḥ karmagaṇaḥ karmasamūhaḥ vivāhavidhidhruvadarçanasamaçanīyākshubhaṅgādiprāyaçcittagarbhāveçanacaturthikarmaparyanta ācāryeṇa garbhādhānapuṁsavanānta uktaḥ | eta eko vidhiḥ garbhādhānapuṁsavanānto yasyeti tathā garbhādhānapuṁsavanakarmāvadhir ity abhiprāyaḥ | tatrādāv ādau karmaṇaḥ çrāddhaṁ na syāt || Gobh. II, 1—6. So der Kommentar. Ich habe die das Metrum richtig gebende Lesart der Ausgaben vorgezogen.

6. Für das Austreiben des Viehes aus den Ställen am Morgen und das Eintreiben am Abend findet nur ein Çrāddham statt und zwar am Abend. —

gehört es sich, ein Çrâddham zu veranstalten beim ersten Viehsegenopfer.

7. Bei den sechs Handlungen, deren erste die Pfluganspannung ist, soll er für jedes einzelne Opfer besonders ein Çrâddham herrichten, aber auch im Anfang aller sechs ein Çrâddham.

8. Bei den beiden Handlungen, welche für das Gedeihen des Groß- und Kleinviehes, wenn Sonne und Mond einen Hof bekommen, vollzogen werden, findet sich kein Çrâddham.

9. Auch nicht bei der Handlung des Knotenbindens (bei gefahrdrohender Reise), ebenso nicht bei der Handlung, die den Biß eines giftigen Tieres unschädlich machen soll, desgleichen nicht bei der Heilung vom Wurmbiß und den übrigen (mit diesen zusammen von Gobhila besprochenen) Handlungen findet er sich.

10. Bei den Handlungen, die öfter vollzogen werden, soll nur einmal die Verehrung der Mütter stattfinden, nur einmal auch ein Çrâddham und zwar beim ersten (Vollzug der Handlung), nicht besonders bei den übrigen (Malen).

11. Überall, wo ein Çrâddham stattfindet, da sollen auch die Mütter (zu verehren) sein.

Dieses ist als etwas anhangsweise Nachgetragenes besprochen; im folgenden wird etwas schon (von Gobhila) Gelehrtes behandelt.

prathame pushṭikarmaṇi d. h. bei dem Viehsegenopfer, das stattfindet bei der Geburt des ersten Kalbes.

7. Athāto halābhiyogasītāyajñakhalayajñapravapaṇapralavanaparyayaṇeshv eshu shaṭsaṁkhyakeshu karmasu prayogaṁ prayogaṁ prati pratiprayogaṁ pṛthak pṛthak çrāddhaṁ kuryāt | api sambhāvane | athavaishāṁ karmaṇāṁ madhye halābhiyogo mukhyo 'tas tadādāv apy ekaṁ tu punaḥ kārayet. Gobh. G. S. IV, 4, 27—30.

8. Parivesham gacchatoḥ sūryendvoḥ tu punaḥ bṛhatpattrasya hastyaçvādes tatra kshudrapaçor ajāvikādeḥ svastyarthaṁ avināçārthaṁ yathā krameṇa ye karmaṇī tathā dvitiyayāditye parivishyamāṇe 'kshatataṇḍulān juhuyād bṛhatpattrasvastyayanakāma iti (Gobh. IV, 5, 31) tṛtīyayā candramasi tilataṇḍulān çūdrapaçusvastyayanakāma iti (Gobh. loc. cit. 32) etayoḥ saṁnipātikakarmatvāc chrāddhaṁ na vidyate.

10. Gaṇaço bahuçaḥ | vāraṁ vāraṁ ity arthaḥ | homavaiçvādikeshu karmasu kriyamāṇeshu sakṛd ekavāraṁ gauryādimātṛbhyaḥ pūjanaṁ kartavyam | ādau prathamaprayogasyādikālo bhavet. |

VI.

1. Wenn der älteste Bruder in den Besitz des Herdfeuers kommt, so soll er das Feuer anlegen, indem er sich anlehnt an die (von Gobhila) gegebene Bestimmung über die Zeiten des Anlegens sowohl wie über die Örter, von denen er das Feuer entnehmen soll.

2. Wer die Heirat und Feueranlegung vor dem ältesten Bruder vornimmt, der, wisset, ist ein parivettar, der ältere Bruder aber ein parivitti.

3. Beide, sowohl der parivitti wie der parivettar, gehen stracks zur Hölle; auch wenn sie Buſse geleistet haben, haben sie die Folgen von drei Vierteln (der Sünde) zu tragen.

4. Wer als jüngerer Bruder vor solchen heirathet, die in der Fremde weilen, Eunuchen sind, nur eine Hode haben, nicht leib-

---

VI. 1. Über die Zeit des ādhânam spricht Gobh. I, 1. 7. 8. 12—14, über die Orte, von denen das Feuer zu entnehmen ist, die agniyonayaḥ, I, 1, 15—10. Hier ist von dem Zeitpunkte die Rede, wenn dem Gesetze nach der älteste Bruder das Hausfeuer übernimmt und sich verheiratet nach dem Tode des Vaters die übrigen Brüder mit ihm als gṛhastha vereint leben. Çāṅkhāyana I, 1, 5. Gobh. I, 1, 12. Yadi kathaṁcid ādhâtur agnyādhānakartur agrajaḥ prathamajāto bhrātā agnimān kṛtādhāno bhavati tadācāryoṇāgnyādhānasya kālāḥ samayaviçeshāḥ ye proktāḥ kathitāḥ yathōdagayane „brahmacārī vedam adhītyāntyāṁ samidham abhyādhāsyan“ — (Gobhila I, 1, 7) ity ādayas tadvad „vaiçyakulād vāmbarīshād vāgnim āhṛtyābhyādadhyād“ — (Gobhila I, 1, 15) ity ādikā yā agniyonayaḥ parigrahakaraṇā deçā uktāḥ | tadāçrayas taduktakālayonyāçrayaḥ sann agnim ādadhyād ahared iti. Gṛhyāsaṁgr. I, 76.

2. Vergleiche hierzu Manu III, 171. 172. Daselbe wie parivettar und parivitti bezeichnet auch paryādhātar und paryāhita nach Laugākshi:

Sodaryo tishṭhati jyeshṭhe yo 'gnyādhānaṁ karoti hi |
tayoḥ paryāhito jyeshṭhaḥ paryādhātā kanishṭhikaḥ |

3. Trotz der geleisteten Buſse wird ihnen diese Strafe angedroht, während Tarkālaṁkara zu Gobh. I, 1, 14 S. 40 liest: acīrṇaprāyaçcittau tau. Manu schlieſst auch den dātar, den yājaka und die Braut selbst in diese Verdammnis ein. — Über die Buſse citiert der Kommentator Vasishṭha: nanu „parivittiḥ kṛcchraṁ dvādaçarātraṁ caritvā nirviçet parivedakaḥ kṛcchraṁ dvādaçarātraṁ caritvā gāṁ ca jyeshṭhe dattvānumataḥ punar viçed ity anena Vasishṭhaprāyaçcittācaraṇād enayoḥ pāpopaçamanam āha“, womit man Vasishṭha XX, 7. 8 bei Führer vergleiche. — pādonaphalabhāginau bhavataḥ | pāpatribhāgabhāginav ity arthaḥ.

4. deçāntarastho 'çrūyamāṇavāsavyaktiḥ |. — Zu asahodaraḥ citiert der Kommentator Pracetas: Pitṛvyaputrān sāpatnān anyanārīsutāṁs tathā | dārāgni-

liche Brüder sind, allzusehr an Buhldirnen hängen, aus der Kaste gestoßen, Çûdras ähnlich, schwindsüchtig sind,

5. vor Geistesschwachen, Stummen, Blinden, Tauben, Buckligen, Zwerghaften, Stumpfsinnigen, die zu alt und noch ohne Gattin sind, die Ackerbau treiben und im Dienste des Königs stehen,

6. die Wucher treiben, die ihren Leibeslüsten leben, die Ehebruch treiben, vor Wahnsinnigen und Dieben — wer vor diesen heiratet, thut keine Sünde.

7. Auf einen, der vom Wucher lebt, im Dienste des Königs oder im Auftrage anderer verreist ist, soll er warten drei Jahre, wenn er auch Eile hat.

8. Wenn er nach Ablauf der drei Jahre, weil er von dem Verreisten nichts hört, heiratet, der (ältere Bruder) aber wiederkehrt, soll er, um (von dieser Sünde) rein zu werden, die pâda-Buße vollziehen.

9. Bei der Bodenherrichtung soll die Länge der nach Osten gehenden (Linie) zwölf aṅgula betragen; die, welche mit ihrem (westlichen) Ende zusammenhängt und nach Norden geht, deren Länge soll neun aṅgula mehr betragen.

10. Die mit der nach Norden gehenden zusammenhängenden übrigen Linien sollen eine Spanne lang sein; indem er sie in

hotrasaṁyogān na doshī parivedayan ‖ — çūdratulya vgl. Manu 8, 102. — atirogiṇaḥ vgl. P.W. Der Kommentar sagt: kushṭhādinā.

5. kṛshiasakto 'nnārthabhūmikarshakaḥ | nṛpasakto rājasevakaḥ | Nach dieser Erklärung habe ich übersetzt.

6. kāmataḥ kāriṇas tathā — kāmataḥ kārī çarīrasukhavaçena svacchandaḥ.

7. Hier findet sich karmakas für karmakaṁ bei C. Jibān., edit. Bombay. = ādhātar. karmakaṁ erklärt der Kommentar durch dravyādigrahaṇena gorakshādikarmabhiḥ pareshāṁ karmakaraṁ.

9. 10. In diesen beiden Versen erklärt er das lakshaṇam. Die Schilderung weicht von der des Gṛhyās. I, 47—58 insofern ab, daß der Zwischenraum der Linien nicht zu sechs, sondern zu sieben aṅgula angegeben wird. Çāṅkhāy. Gr. I, 7, 6. Nārāyaṇa zu der Stelle. Gobh. I, 1, 19. Im lakshaṇam, das aus fünf Handlungen besteht, nimmt das „ullikhya" die dritte Stelle ein. Voraus geht: parisamuhya und upalipya, es folgt: uddhṛtya und abhyukshya. Dadurch wird der Boden zur Aufnahme des Feuers vorbereitet. Vgl. Stenzler zu Pārask. 1, 1, 2. — Ein prādeça ist = zwölf aṅgula, wie nach dem kürzeren P.W. das Çulvasūtram 1, 7 angiebt, und ist, wie schon Knauer Gobh. II. H. p. 129 bemerkt hat, hier nur metri causa gebraucht, ebenso wie „pramāṇaṁ

einem Zwischenraum von je sieben aṅgula zieht, soll er sie mit Kuçagras zeichnen.

11. Wenn die Vermessung angegeben ist, jedoch nicht der Vermesser, so soll der Vermesser der Opfernde selbst sein; das ist die Ansicht der Kenner.

12. Ein reines Feuer lege er an; das wird von allen gerühmt. Wenn es die Eigenschaft hat, dafs es keine speziellen Wünsche erfüllt, so läfst sich diese durch besondere Wunschhandlungen beseitigen.

13. Der, dem ein Mädchen durch einen Eid verlobt ist, der lege (das Hausfeuer) an, wenn er den letzten Scheit (als Schüler) auflegen will, nicht auf andere Weise.

14. Wenn aber jenes Mädchen vor der Hochzeit stirbt, so wird sein Gelübde (als gṛhastha) damit nicht hinfällig; deshalb soll er eine andere heiraten.

15. Wenn er ein anderes Mädchen, obwohl er um sie anhält, nicht bekommt, so soll er das Feuer in sich aufnehmen und schnell in das nächst höhere Lebensstadium eintreten.

---

dvādaçāṅgulaṁ navottaram", während man in der Prosa natürlich die gleichen Ausdrücke für die Mafse gebraucht hätte. Knauer hat auch schon die Zeichnung des lakshaṇam bei Bloomfield danach korrigiert, der die zwei Prādeçalinien des Gṛhyās. kürzer gezeichnet hatte als die beiden Zwölfaṅgulalinien. — çeshāḥ: die übrigen drei, die Prajāpati-, Indra- und Somalinie. — kuçenaiva samullikhet: vgl. Gṛhyās. II, 47 b—51 a, wo auch eine Frucht, eine Blume oder ein Blatt zum Zeichnen der Linien empfohlen werden. Mit einer Frucht zeichnend, wird man fruchtbar; mit einer Blume gelangt man zu Glück; mit einem Blatte zu Reichtum; mit Kuçagras zu langem Leben.

12. puṇyam agniṁ ādadhīta d. h. er soll es durch die araṇayas entzünden, nicht es aus dem Hause eines Vaiçya und den übrigen agniyonayas holen. Dieses Feuer ist allerdings nicht von der Eigenschaft, spezielle Wünsche zu erfüllen, doch wird diesem Fehler durch besondere Wunschhandlungen (goyajñāçvayajñādibhiḥ kāmyaiḥ karmabhiḥ çamaṁ niyate) abgeholfen.

13. 14. 15. In den nächsten drei Versen wird die anticipierte Form des agnyādhānam behandelt, die Gobhila I, 1, 7 mit den Worten antyāṁ samidham abhyādhāsyan bezeichnet (vgl. Çāṅkhāyana I, 1, 2). Diese erfolgt, wenn dem brahmacārin, der den Veda studiert und das snānam vollzogen hat, ein Mädchen zur Frau versprochen wird, d. h. bei dem sogenannten vāgdāna, der Verlobung. Bei dem vāgdāna erfolgt stets das ādhānam, die Entzündung des Hausfeuers an dem Feuer, wo er das letzte Holzscheit als Schüler aufgelegt hat. Vgl. Oldenberg zu Çāṅkh. l. c. Stirbt das ihm verlobte Mädchen vor der vollzogenen Hochzeit, so wird sein Gelübde als gṛhastha keineswegs hinfällig.

VII.

1. Von einem Açvatthabaume, der auf einer Çamī entsprossen und auf reinem Boden gewachsen ist, von einem Zweige desselben, der nach Osten sich wendet, oder nach Norden, oder auch in die Höhe geht,

2. von dessen Holze verfertigt, so sagt man, soll die araṇi sein, von dessen Holze auch die obere araṇi; für die Spindel und die ovīlī wird ein kerniges Stück Holz empfohlen.

3. Der Açvattha, der mit der Wurzel an einer Çamī hängt, den heifst man „auf einer Çamī entsprossen"; ist ein solcher nicht vorhanden, so kann er sie (die araṇis) ohne Zögern von einem andern als auf einer Çamī entsprossenen (Açvattha) nehmen.

Er mufs für die Verstorbene Ersatz suchen. Wird seine Werbung um ein anderes Mädchen jedoch zurückgewiesen, so mufs er sich mit den Pflichten gegen das heilige Feuer abfinden. Das geschieht durch die Ceremonie des samārohaṇa, d. h. er mufs das Feuer entweder in den eignen Körper aufnehmen oder in die araṇis oder in ein anderes Stück Holz eintreten lassen. In diesem Falle ist das erste Verfahren vorgeschrieben durch den Ausdruck ātmasāt kṛtvā; es wird ausgeführt dadurch, dafs man, wie Āçvalāyana und Çāṅkhāyana vorschreiben, die Hände an dem heiligen Feuer wärmt. Vgl. Oldenberg zu Çāṅkhāy. Gṛhyas. I, 1, 2. V, 1, 1. 2. S. B. E. Vol. XXIX. Weber, Ind. Stud. IX p. 311. Hat er dann so der Stufe des gṛhastha entsagt, wird er schnell uttarāçramin; er rückt auf in eine der beiden letzten Stufen des heiligen Lebens, des vānaprastha oder des parivrāj.

VII. Vgl. Kuhn, Herabkunft des Feuers. 2. Aufl. p. 71 ff. 109. Gṛhyās. I, 78—82a. Gobh. I, 8, 17. Komm. zu Kātyāy. Çrautas. IV, 7, 22. Çatap. Brāh. XI, 5, 1, 13.

1. praçastorvīsamudbhavaḥ — çamīgarbho 'çvattho vakshyamāṇalakshaṇaḥ sa yaḥ pavitrapṛthivīsamudbhavo bhavati na çmaçānādyaçucibhūbhava ity arthaḥ.

3. Saṁsaktamūlo lagnabudhnaḥ. — Yo açvatthaḥ çamīgarbha āruroha tve sacā | taṁ tvā harāmi brahmaṇā yajñiyaiḥ ketubhiḥ saha (T. Br. 1, 2, 1, 8) iti mantreṇābhimantrya hared iti | atha kathaṁcit tadalābho yadi syat tadā kim ity āha | alābhe prastutatvāc chamīgarbhasya açamīgarbhād itarasmād avalambitaḥ sann ādhānāyāraṇīr haret | ayam arthaḥ | ko hi manushyasya çvo vedeti çravaṇāt (Çatapbr. 2, 1, 3, 9) | tadvat |

çvaḥ kāryam adya kurvīta pūrvāhṇe cāparāhṇikam |
na hi pratīkshate mṛtyuḥ kṛtaṁ vāsya na vākṛtam |

iti Bhāratādivacanāc ca | (Ind. Sprüche² 6505) çamīgarbhāçvatthalābhe 'pi agniparigrahaṁ vinā na tishṭhed iti | evaçabdo niçcayārthaḥ |

4. Vierundzwanzig Daumenbreiten in der Länge, sechs in der Breite, vier in der Höhe, so ist das Mafs der beiden araṇis geschildert.

5. Acht aṅgula kommen auf den Drehstab, zwölf auf die Spindel, zwölf auch auf die ovīlī, das ist das Instrument zur Feuererzeugung.

6. Wo immer das Messen nach aṅgushṭha und aṅgula vorgeschrieben wird, da soll er stets nach den Absätzen der grofsen Gelenke messen.

7. Aus Kuhhaaren mit Hanf gemischt, dreifach gewunden, aus geraden Schnüren und klafterlang sei der Leitstrick; dadurch soll das Feuer hervorgerieben werden.

8. Kopf, Augen, Ohren, Mund, dazu fünftens der Hals, diese sind ein aṅgushṭha grofs; zwei aṅgushṭha grofs ist die Brust.

9. Ein aṅgushṭha grofs ist das Herz, als drei aṅgushṭha messend ist der Bauch angegeben; ein aṅgushṭha mifst die Hüfte, zwei die Harnblase, zwei auch das pudendum.

10. Die Oberschenkel, die Unterschenkel, die Füfse messen vier, drei, ein aṅgushṭha der Reihe nach; dieses sind Glieder der araṇi, welche von den Opferkundigen genannt sind.

11. Der Teil, der pudendum genannt ist, der heifst „des Gottes Ursprungsstätte"; das Feuer, das in ihm entsteht, das nennt man „Segen schaffend".

12. Die, welche an anderen Stellen (der araṇi) das Feuer hervorreiben, die geraten in die Gefahr von Krankheiten; diese

---

5. Identisch mit Gṛhyāsaṁgraha 79b—80a.

6. athāṅgushṭhāṅguliparvatrayasaṁsthāpanadarçanāt kena parvaṇā mānaṁ vidheyam iti saṁçayāpanodāyāha | aṅgushṭhāṅgulimadhyaparvabhir ity arthaḥ |

7. Govālaiḥ — gopucchasaṁbhavaiḥ. — sanaṁkhagaṁ (korr. 2. Hand: anukhagaṁ) samatantum | abhagnatantukam ity arthaḥ | Es wird wie im Texte zu lesen sein. vyāmaçabdena prasāritaṁ bāhudvayam ucyate.

8—11. Die Araṇi wurde als der Leib eines Weibes betrachtet und von der Spitze aus für jedes Glied ein bestimmtes Aṅgushṭhamafs berechnet. Die Stelle, wo das Feuer hervorgerieben werden sollte, d. h. acht aṅgula vom Fufse der araṇi (vgl. auch Gṛhyās. I, 80b—81a, 81b—82a), galt als das guhyam dieser personifizierten Araṇi, wo der Mutterschofs des Gottes sich befand. — Yato yonito nitambinīnāṁ garbhanirgatir bhavati ato yat tad aṅgushṭhadvayapramāṇaṁ guhyam iti pūrvaproktaṁ sa devasyosharbudhasya yonir utpattisthānam ucyate.

Bestimmung gilt jedoch nur bei der ersten Feuererzeugung, nicht bei den späteren.

13. Der Drehstab soll (aus demselben Holze) wie die obere araṇi sein; wer mit einem anderen (Drehstabe) die Feuererzeugung vornimmt, der wird mit dem Fehl der Kastenvermischung behaftet.

14. Eine nasse araṇi, untere wie obere, eine hohle, eine mit morschen Teilen, desgleichen eine, die geknickt ist, ist den Opfernden nicht günstig.

VIII.

1. Nachdem er ein neues Kleid angelegt hat und sich nach Vorschrift darin eingehüllt hat, soll er, nach Osten gewandt, die Maschine befestigen nach der anzugebenden Regel.

2. Der Opferkundige soll die Spitze des Drehstabes am Fuſse der Spindel fest einlassen, die Spitze der araṇi nach Norden richten und (dann) den Fuſs des Drehstabes oben (in die yoni) einfügen,

3. und nachdem er die ovilī auf einen Pflock gesteckt hat, oben auf der Spindel mit der Spitze nach Norden, soll er dann andächtig und rein die Maschine kräftig in Bewegung setzen, so daſs sie nicht schwankt.

4. Nachdem er die Spindel mit dem Seile dreimal umwunden, drehen die Ehefrauen, mit neuen Gewändern bekleidet, am östlichen Ende der araṇi, damit das Feuer im Osten herauskommt.

VIII. 1. prāvṛtya ca yathāvidhi — yajamāno 'khaṇḍitaṁ sakṛd dhautam ahataṁ vāsaḥ paridhāya tathā caçabdād ahatenaiva itaravāsasā çiromastakaṁ prakarsheṇa kūrcakarṇādiyutam āvṛtya veshṭayitvā. — na ca paridhṛtavāsasā çiro veshṭaniyam ity āçaṅkanıyam | kutaḥ | „brahmaṇe vāsasī tathā“ iti vaktavyatvāt (v. 10).

2. Manthanakaraṇavicakshaṇo daksho yajamānaḥ pramanthakāshṭhāgraṁ catrabudhne catrasya mūle gāḍhaṁ niçcalaṁ kṛtvā adharāraṇim udagdiggatāgrāṁ udakçiraskāṁ kṛtvā tadbudhnaṁ tasya catramūlasthapramanthakāshṭhasya mūlaṁ pūrvoktayonideçopari nyased sthāpayed iti.

3. Vishṭambhed balāt.

4. Evaṁvidhasya yantrasya yajamānadhāraṇād anu ahatāṁçukāḥ acchinnasakṛddhautavasanadvayadhāriṇyo yajamānapatnya uktaciluena netreṇa catraṁ vāratrayam udveshṭayitvā adharāraṇeḥ pūrve 'nte tatpūrvabhāge manthanaṁ gharshaṇaṁ kurvanti | katham | yathā yena prakāreṇāgner vaiçvānarasya cyutiḥ pātaḥ purataḥ prāci prāggatā bhavet | nānyadikshv ity arthaḥ |

5. Ohne eine Gattin ist das Feueranlegen von den Brahmanen nicht vorzunehmen; das Feueranlegen soll er als ungeschehen erkennen, wenn nicht alle (Gattinnen) es hinterher vornehmen.

6. Von vielen Ehefrauen ist das Drehen bis zum Vorscheinkommen des Feuers vorzunehmen, welche aus den obersten Kasten und von Geburt aus gleicher Kaste (wie der Mann) stammen und tugendhaft sind.

7. Nicht soll er eine Çûdrafrau dazu anstellen, nicht eine, die Übles und Böswilliges thut, nicht eine, die ihr Gelübde verletzt hat, nicht eine, die mit einem fremden Manne gebuhlt hat.

8. Dann soll eine andere unter ihnen (den Gattinnen), die dazu geeigneter ist (als die Hauptgattin), oder eine andere von denen, die herbeigekommen sind, das Feuer nach Wunsch hervorreiben.

9. Nachdem er die Stätte für das entstandene Feuer bereitet hat, dieses hingebracht und angezündet, auch Scheite aufgelegt hat, soll er den Brahmanen sich setzen lassen.

---

5. Bahuyoshidbhir vipraprabhṛtibhir dvijair ekayāpi bhāryayā patnyā vinā antareṇāgnyādhānaṁ na kartavyam | apiçabdo bahvībhir vinā kāryakaraṇaçaṅkāṁ nivartayati | nanu kṛte kim ity āha | akṛtam iti | yadi kathaṁcit kurvanti tadā yad ādhānaṁ sarvāḥ patnyaḥ jyeshṭhapatnīm anu paçcān nārabhanti kurvanti tad akṛtaṁ vijānīyāt | viphalatvād ity anushaṅgaḥ |

6. yadā viprādibhir nijajātiprathamatayā bahvyaḥ pariṇītā bhavanti tadā viprādivarṇajyaishṭhatayābhiḥ sādhutarācaritābhir agnicyutikālaṁ yāvat manthanaṁ pṛthagbhāvena kartavyam | — samānavarṇāç ca yadi bahvyaḥ syus tadābhir janmato vivāhasaṁbhūtikramataḥ kartavyam iti.

8. Evaṁ varṇaguṇajyeshṭhayā manthanārambhe kṛte sati tatas tato 'nantaraṁ samīpasthitānām āsāṁ patnīnāṁ madhye yā kācij jyeshṭhapatnyanyatarā kāpi vā manthanakaraṇe prakarsheṇa çaktyā samarthā bhavati sā nikāmato yatheshṭam agniṁ mathet.

9. Manthanāj jātasyāgneḥ sthāpanārthaṁ parisamūhanādibhūsaṁskārākhyaṁ lakshaṇaṁ kṛtvā tataḥ „kravyādam agniṁ prahiṇomi dūram“ (= Ṛ. V. 10, 16, 9, vgl. Āçvalāyana, Gṛhyas. 4, 6, 2) ity ṛgardhaṁ parisaṁkhyānesmṛtatvāt paṭhitvā tatas tam agniṁ tatra bhūr bhuvaḥ svar ity abhimukhaṁ praṇīya tata ihaivāyam itaro jātavedā (Ṛ. V. 10, 16, 9) ity ṛguttarārdham api japitvā tataḥ samidhya samidhaṁ pushṭaṁ kṛtvā ca vakshyamāṇalakshaṇāṁ samidhaṁ caivādhāya dattvā tato gṛhyāgnyādhānaṁ karishye tatra tvaṁ brahmā bhaveti manthanakaraṇakālapūrvābhimantritaṁ brāhmaṇaṁ cāgner dakshiṇasyāṁ diçy upaveçayet. Agnipraṇayana, Gṛhyās. I, 64 b — 69.

10. Dann, nachdem er eine Pūrṇāhuti geopfert hat, die von alten Sprüchen begleitet ist, soll er am Ende der yajñavāstu-Ceremonie dem Brahmanen eine Kuh geben, desgleichen zwei Kleider.

11. Wenn keine besondere Vorschrift vorhanden ist, so gilt als Opfergefäſs bei flüssigen Stoffen der Sruvalöffel, die Hand im anderen Falle; hier aber opfert man mit der Sruc.

12. Aus Khadira- oder Parṇaholz zwei Spannen lang, so ist der Sruvalöffel bestimmt; die Sruc soll von Armlänge sein, gewunden die Handhabe beider.

13. Oben an dem sruva soll er ein zwei aṅgushṭha groſses rundes Loch in Gestalt der Nasenlöcher machen und oben an der sruc ein vollständiges Loch mit einem Ausguſs, 5½ aṅgula groſs.

14. Ostwärts ist von dem, der opfern will, mit Kuçagras das Abwischen (der Löffel u. s. w.) vorzunehmen, nachdem er sie mit heiſsem Wasser abgespült hat, ebenso das Erhitzen der bestrichenen.

10. Die yajñavāstuhandlung ist beschrieben bei Gobhila I, 8, 26—29. Vgl. Gṛhyās. II, 1. 2. tato brahmopaveçanānantaram bhūjapājyasaṁskārādisakalājyatantrasamanvitaṁ pūrṇāhutyākhyām āhutiṁ hutvā samidham ādhāya paryukshya ca tata eva barhishaḥ kuçamushṭim ādāyājyo vā havishi vā trir avadadhyād ity ācāryoktayajñavāstusaṁjñakasya karmaṇo 'nte vṛtāya brahmaṇe dakshiṇārthaṁ gāṁ tathā avaçarīrasthe vāsasī dadyāt. Die pūrṇāhuti geht also der yajñavāstuhandlung vorauf und ist also wohl nicht identisch mit der Gṛhyās. II, 2 beschriebenen Handlung des Gusses von Opferschmalz, die einzelne Kommentare als pūrṇāhuti bezeichnen. — vāsasī dattvā vgl. Kommentar zu V. 1.

11. atra tu-çabdaḥ ādhānakarmaṇi pūrṇāhutiḥ srucā hūyate na sruveṇeti.

12. 13. Vgl. Gṛhyās. I, 82. 83. Gobh. 1, 3, 8. 7, 17. Kātyāy. Çrautas. I, 3, 38. Sruvakāshṭhasya mūlaṁ vihāyāgradeçe parimaṇḍalaṁ vartularūpaṁ yataḥ sthālam asti tan nāsākhātavad aṅgushṭhadvayapramāṇaṁ khātaṁ bhavati madhye rekhāsaṁbhavāt sarvakhātaṁ na bhavet | srucaç ca sarvakhātaṁ ghṛtanirvāhasahitam ardhashaḍaṅgulapramāṇaṁ bhavati | sārdhapañcāṅgulapramāṇam ity arthaḥ |

14. Juhūshatā homaṁ kartum icchatā ghṛtādidravyaliptāni sruksruvādini pātrāṇy ushṇena vāriṇā udakena prakshālya tataç ca mūlād ārabhya prākças tadagradeçasthasthālasaṁmukhaṁ kuçaiḥ samyak mārjanaṁ kartavyam; tadvad agnau pratāpanaṁ ca |

15. Nach Osten gerichtet, nach Osten in der Nähe des Feuers, das im Norden sich befindet, mit den Spitzen nach Norden gerichtet, in solcher Weise und so beschaffen stelle er die Opferspeise hin, in welcher Weise und wie beschaffen sie gebraucht wird.

16. Opferbutter ist als Opferspeise bei dem Opfer vorgeschrieben, wenn eine besondere Anweisung fehlt, und als Gottheit des Opferspruches ist „Prajāpati" festgesetzt.

17. Nie soll man Brennholz nehmen, das an Umfang einen aṅgushṭha übersteigt, nicht solches, das von der Rinde entblöfst ist, nicht wurmfräfsiges, nicht abgefallenes.

18. Nicht länger, nicht kürzer als eine Spanne, ohne Äste, nicht mit Blättern, nicht saftlos; nicht so beschaffen soll es bei den Opfern von einem Wissenden genommen werden.

19. Zwei Spannen sind als Mafs des Holzstofses angegeben, ebenso sollen die Scheite bei allen Handlungen sein.

20. Achtzehn Scheite für den Holzstofs bei Neu- und Vollmond geben die Kenner an, zwanzig bei anderen Handlungen.

21. Bei den samidh- und den übrigen Opfern geschieht die Auflegung des Brennholzes zum Zwecke des Anzündens vorher und nachher ohne Spruch und (Anrufung einer) Gottheit.

22. Brennholz zum Anzünden ist von den Lehrern auch bei den havis-Opfern vorgeschrieben; wo dieses fehlen soll, das will ich jetzt erklären.

---

15. yajamāno 'gner uttarasyāṁ diçi samīpato vyavadhānaṁ vinā yasya dravyasya yathā yathā viniyogaḥ kriyate tad dravyaṁ tathā tathā prāñcaṁ prāñcaṁ pūrvadiggatam udagdiggatāgraṁ āsādayed iti ||

16. Pūrṇāhutyādikarmasaṁbandhihavanīyadravyasyanādeço akathane juhotishu homakriyāsu homakaraṇadravyam ājyaṁ vidhīyate | vihitaṁ bhavati | dravyaṁ (E[a]: gavyam) ghṛtam ity arthaḥ | — evaṁ ca homakaraṇamantrasyānādeço akathane prajāpatiḥ tathā devatāyāç ca prajāpatiḥ | vidhīyata iti çeshaḥ |

17. 18. Vgl. Gṛhyās. I, 29a.

19. Vgl. Gṛhyās. I, 100.

20. Nārāyaṇa zu Āçval. I, 10, 3 giebt 15 Scheite für den Holzstofs an beim sthālīpāka am Neu- und Vollmond. Vgl. Gṛhyās. I, 99. Gobh. I, 5, 15 spricht über die für den idhma vorgeschriebenen Holzarten.

21. Upanītādīnāṁ samidādishu samitpradhāneshv api homeshu purastād dhomapurvasmin kāle ca samiddānaṁ bhavati. Vgl. Gṛhyās. I, 98. Bloomfield zu dieser Stelle.

23. Bei dem sogenannten añga-, samidh-, tantra-Opfer, dem für eine Frau, die gebären will, und von denen dies im folgenden çloka gesagt ist, bei ihnen und ihnen ähnlichen.

24. Bei einem Unglücksfalle, wie Achsenbruch u. s. w., bei einer Handlung, wie das Wasseropfer u. s. w., bei allen Spenden bei den kratu, ist kein Holzstofs vorgeschrieben.

IX.

1. Wenn die Sonne den Berg des Untergangs noch nicht erreicht hat, indem noch 36 añgula daran fehlen, und nach dem Erscheinen der Morgenröte ist stets das Entzünden der Feuer vorzunehmen.

2. Solange die Sonne, nachdem sie den (Aufgangs-)Berg verlassen hat, nicht höher als eine Hand gegangen ist, so lange verstreicht nicht die richtige (Zeit für die) Ausführung der Opfer für solche, die das Opfer (dann schon) begonnen haben.

3. Solange nicht deutlich am Himmel die Sterne überall wahrgenommen werden und die Abendröte noch nicht schwindet, solange ist Zeit zum Abendopfer.

4. Wenn die Sonne durch Staub, Nebel, Rauch, Wolken und die Spitzen der Bäume noch bedeckt ist, diese Zeit als Zeit der Dämmerung bezeichnend, soll er opfern; sein Opfer wird (dann) nicht hinfällig.

---

23. upari — tad uparitanaçlokenoktam asti.

24. Zu akshabhañgadivipadi vgl. Gobh. II, 4, 3. 4.

IX. In V. 1—4 wird die Zeit des täglichen Morgen- und Abendgebets näher bestimmt.

1. Das Folgende zu Gobh. I, 1, 28.

2. Vgl. Gṛhyās. I, 75, der etwas Abweichendes enthält. udayānantaraṁ yāvad udayaparvataṁ parityajya gaganagapancaikasmād dhastād ūrdhvabhāgam ādityo na gacchati tāvad uditahomapakshañgīkaraṇaparūpāṁ puṇyo homasya vidhir nātyeti atīto na bhavati |

3. 4. Na sūryanakshatraraktimādarçanam ākāñkshet. — evaṁ saty atihotur (E[a]: atihoma) yathoktakālavad dhutaṁ havir na lupyate na lopam upayātīti | etena homadānānantaram ādityādidarçanād api vratalopābhāvād vyāvṛtya homo na kartavyaḥ.

5. Nicht soll der Brahmane bei Schnellopfern das Zusammenkehren vornehmen, nicht soll er flüstern den Vairūpākshaspruch, und den Prapadaspruch soll er ebenfalls fehlen lassen.

6. Die Besprechung ist überall vorzunehmen mit dem Spruche: „O Aditi, stimme gnädig zu u. s. w." Am Schlusse soll er das Vāmadevyagāna singen im tṛca oder in ṛc-Form.

7. Das Vāmadevyam (soll auch gesungen werden) bei Nicht-Feueropfern, bei dem (von Gobhila II, 8) beschriebenen Zeigen des Mondes, am Ende des Gaṇa-, des Bali- und des Allgötteropfers.

8. (Die Opferhandlungen,) welche oben (im Gṛhyasūtra I, 7, 9) bei der Erwähnung der Umstreuung (gemeint sind), bei denen soll eine Umstreuung nicht stattfinden und, weil dabei derselbe Zweck der Handlung verfolgt wird, soll man auch die paridhis vermeiden.

9. Die Opferstreu, das Umsprengen, auch das Murmeln des Vāmadevya, diese Dreiheit findet sich nicht bei allen kratu-Opferspenden.

---

5. kshiprahomā nityahomādayaḥ. Gobh. IV, 5, 6, 7. Der Vairūpākshaspruch ist vor den Feuerspenden zu flüstern, bei Wunschspenden aufserdem noch der Prapadaspruch. Vgl. Knauer zu dieser Stelle (Vairūpāksho 'si Mantrabr. 2, 4, 6). Vgl. Gṛhyās. I, 92. Der Opferkundige, der nach Gṛhyās. I, 96 b die beiden Sprüche murmeln soll, fehlt eben bei den kshiprahoma. — Zu prapadaḥ vgl. unsern Kommentar: tapaç ca tejaç cety ārabhya bhūr bhuvaḥ svar oṁ mahāntam ātmānaṁ prapadya prāṇasyāyamanena yaj japyate sa prapadasaṁjñakaḥ | Vgl. Gobhila 4, 5, 8. Çāṅkhāyana Çrautas. 6, 2.

6. Während das parisamūhanam bei den kshiprahoma fehlt, ist das paryukshaṇam Regel. Sarvatra kshiprahomeshv api tu punaḥ adite 'numanyasveti mantreṇa agneḥ paryukshaṇaṁ kartavyam. tṛco 'py ekaikasyām ṛci gānaṁ kuryād iti. Meine Übersetzung beruht auf der Erklärung von Tarkavacaspati zu Gobhila 1, 0, 20. Ich nehme unregelmäfsigen saṁdhi an für tṛca ṛci.

7. candradarça iti kumārasya candradarçanakarmaṇi.

8. Yāni vaiçvadevādīni havanakarmāṇi kuçaiḥ samantaṁ paristṛṇuyād iti (Gobhila 1, 7, 9) ācāryastaraṇānāṁnāt staraṇakathanād adho 'dhastāt santi teshu karmasu barhiḥstaraṇaṁ na bhavet | apīti saṁbhāvanāyām | tadvad ekasya staraṇakāryārthasya sādhyamānatvāt palāçādivṛkshabhavān paridhīn eteshu varjayed ity ucyate | Zu den paridhi vgl. Gṛhyās. I, 97. Karmapr. II, 5, 19:

Bāhumātrāḥ paridhaya ṛjavaḥ satvaco 'vraṇāḥ
trayo bhavanti çīrṇāgrā ekeshāṁ tu caturdiçam ||

Sie werden von Gobhilaputra bei allen Gṛhyahandlungen verboten gegen die „eke" Gobhilas (I, 7, 16), vgl. Bloomfield.

9. Kratvāhutishu — Saumikamakhāhutishu.

10. Als zu opfernde Speise ist an erster Stelle Gerste vorgeschrieben, nach ihr Reis; Bohnen, Kodravagetreide, weifser Senf und dergleichen Stoffe soll er fernhalten, auch wenn alle übrigen Opferstoffe fehlen.

11. Ein Opfer, das mit der Hand geschieht, soll (eine Fläche von) zwölf Fingergelenken füllen; wenn es mit dem Becher u. s. w. verrichtet wird, soll es so grofs sein, dafs es einen Sruvalöffel füllt; mit der Götterstelle der Hand wird die Opferspeise geopfert, und zwar in schönkohligem und schönflammigem Feuer.

12. Der Mensch, der in einem Feuer ohne Flammen und ohne Kohle opfert, der wird, an Verdauungsschwäche leidend, krank und arm.

13. Deshalb ist zu opfern, wenn das Holz angezündet ist, niemals, wenn es nicht angezündet ist, von jemandem, der Gesundheit, langes Leben und vollständiges Glück wünscht.

14. Vor und nach dem Opfer verrichte er niemals das Feueranblasen mit der Hand, der Getreideschaufel, dem Munde und Löffel; mit dem Fächer und den übrigen Werkzeugen soll er es vornehmen.

15. Mit dem Munde blasen einige das Feuer an; denn aus dem Munde entstand es. Den Ausspruch: „Nicht mit dem Munde!" beziehen sie auf das gewöhnliche Feuer.

---

10. gaura i. e. gaurasarshapa, weifser Senf. — sarvâlābhe 'pi ācāryoktayajñiyaushadhivanaspatiphalapālāçālābhe 'pi homārthaṁ varjayet. Gobh. I, 5, 15.

12. Anarcishi — adiptimati. Der Kommentar citiert: Mārkaṇḍeyapurāṇam:

Homaṁ dadāti yo nityam asamiddhe hutāçane
nirdhano mandavahniç ca tejohīnaḥ sa jāyate ‖

Vgl. Mārkaṇḍeyap. 15, 38. 30 ed. Jibananda.

14. darvy atra parighaṭanam | hrasvatvaṁ chandonurodhāt | Vgl. Manu IV, 53. Nāgniṁ mukhenopadhamet. Gṛhyās. I, 70. 71. vyajanādinā — ādiçabdāt tāmrakāṁsyādipātrair api |

15. Die Ansicht der eke wird in diesem Verse wiedergegeben, die der Gṛhyās. I, 70 vertritt:

Na vastreṇa dhamed agniṁ na çūrpeṇa na pāṇinā |
mukhenopadhamed agniṁ mukhād dhy esho 'dhyajāyata ‖

Diese finden sich mit der Regel Manus in der Weise ab, dafs sie die Bestimmung auf das Profanfeuer beziehen. Vgl. Bloomfield zu Gṛhyās. l. c.

X.

1. Er soll stets am Mittage und am Morgen in einem Flusse u. s. w. baden, wenn er nicht krank ist, nachdem er sich die Zähne geputzt hat; wenn er im Hause (badet), soll es ohne Sprüche geschehen.

2. (Ein Stück Holz) von den von Nārada dazu vorgeschriebenen Bäumen, acht aṅgula lang, nicht gespalten, noch mit der Rinde versehen, das soll als Zahnholz dienen; mit dessen Spitze soll er putzen.

3. Wenn er aufgestanden ist und sich die Augen ausgewaschen hat, soll er, gereinigt, andächtig auch den Spruch murmeln und dann das Zahnputzen ausführen.

4. Alter, Kraft, Ansehen, Glanz, Nachkommenschaft, Vieh und Reichtümer, Erkenntnis des Brahma und Einsicht gieb du uns, Waldherr!

X. 1. ahani dinamadhyasamaye .... prātaḥçabdaç cāraṇagrastāṁ prācīm avalokya snāyād iti Baudhāyanādimunismaraṇebhyaḥ sūryodayapūrvakālasnānajñāpako jñātavyaḥ. Für die tapasvins war ein dreimaliges Baden vorgeschrieben am Morgen, Mittag und Abend. Das Baden im Hause hatte stets mit warmem Wasser zu geschehen, nie mit kaltem: gṛhe çītodakasnānaṁ bahir ushṇodakena ca | yaḥ karoti naras tasya phalaṁ kiṁcin na vidyata iti smaraṇāt |

2. Nāradamunigrahaṇaṁ ca Kauthumādisāmaçākhācāryatvavaçena | Nāradaç ca yathāha:

> arkapilāçabilvānām apāmārgaçirīshayoḥ |
> bhakshayet prātar utthāya vāgyato dantadhāvanam ||

Nicht in Jollys Ausgabe. Nṛsiṁhapurāṇam:

> khadiraç ca kadambaç ca karañjaç ca vaṭas tathā |
> tintiḍī veṇupṛshṭhaṁ ca āmranimbau tathaiva ca |
> apāmārgaç ca bilvaç ca arkaç caudumbaras tathā |
> ete praçastāḥ kathitā dantadhāvanakarmaṇi ||

3. Pari samantatobhāvena dharmarakshaṇāya hitacittavṛttir yajamānaḥ çayanasthānād utthāyotthānaṁ kṛtvā mehanād anantaram | ekā liṅge gude tisra ubhayor dve ca mṛttike iti (Vasishṭha 6, 18. vgl. Manu 5, 136) mṛdādigrahaṇena çuciḥ çaucavān bhūtvā netraprakshālanācamanapuraḥsaraṁ prāṅmukha udaṅmukho vopaviçya vakshyamāṇamantreṇa (V. 4) parijapya dantadhāvanaṁ kāryam, ato Vṛddhaçātātapasmaraṇam:

> Mukhe paryushite nityaṁ bhavaty aprayato naraḥ |
> tasmāt sarvaprayatnena bhakshayed dantadhāvanam ||

5. Zwei Monate hindurch vom Çrāvaṇa an sind alle Flüsse menstruierend; in ihnen soll er sich nicht baden mit Ausnahme derer, die ins Meer münden.

6. Die Wasserläufe, in welchen sich das Wasser nicht auf die Strecke von 8000 dhanus befindet, die führen nicht den Namen „nadī“; diese sind „gartās“ genannt.

7. Beim Beginn des Vedastudiums und bei der Entlassung (aus dem Unterricht), ebenso bei dem Baden nach einem Leichenbegängnisse, und bei Sonnen- und Mondfinsternissen findet sich nicht jener Fehler der Menstruation (bei den Flüssen).

8. Die Vedas und alle Metren, auch die Götter Brahma an der Spitze, dann die Väter, ebenso die Ṛshis mit dem Marīci an der Spitze gehen, nach Wasser verlangend,

9. zufrieden und mit Leibern aus Luft hinter den brahmavādins her, wenn diese bei Beginn und am Ende des Vedastudiums baden gehen wollen.

---

5. Revāgaṅgāsarasvatīprabhṛtīḥ samudrasaṁgatā nadīr varjayitvā vivāha anyā yāḥ kāçcana nadyaḥ santi tāḥ sarvāḥ çrāvaṇamāsam ārabhya māsadvitayaṁ yāvad rajasvalā varshāsu ṛtau strīdharmayutāḥ syur ity arthaḥ | atas tadrajaḥsaṁsargatayā tāsu vishaye snānaṁ na kurvīta | samudragāsu kurvītety arthaḥ | etena prasravaṇādishu snāyād iti gamyate | Sumantunā ca smṛtam |

Siṁhakarkaṭayor madhye sarvā nadyo rajasvalāḥ |
tāsu snānaṁ na kurvīta varjayitvā ca jāhnavīm |

iti | jāhnavīgrahaṇaṁ samudragopalakshaṇārtham | kutaḥ samudragā iti bahuvacanam | vyāptaḥ | āha ca Brahmāṇḍapurāṇam |

Tapanasya sutā Gaṅgā Plakshajātā Sarasvatī |
rajasā nābhibhūyante ye cānye nadasaṁjñakā | iti

6. Yāsāṁ nadīkalpānāṁ dīrghatayā dhanushām ashṭau sahasrāṇi ca saṁkhyāyāṁ toyam udakaṁ na vidyate nāsti tā evaṁrūpā nadīçabdavahā na bhavantīti vivekaḥ | kiṁ tu gartāḥ parikīrtitāḥ | munibhir iti | teshu rajonāstitvāt snāyād iti | ashṭasahasradhanurgrahaṇād yojanam uktam.

7. 8. 9. Vedopākarmaṇi tadvad utsarge ca snānakaraṇārthaṁ vedavādino gantum icchato jñātvā catvāro vedās tathā gāyatryādīni sarvāṇi chandāṁsi evaṁ brahmādikā divaukaso devāç ca na kevalam ete atha divyādayaḥ pitaraḥ tathā marīcimiçrādyā maharshayaḥ ete sarve jalārthinaḥ udakecchavaḥ santaḥ khaçarīriṇo vyomamayaçarīriṇo bhūtvā anu paçcāt pṛshṭhalagnaḥ santaḥ ayam asmāṁs tarpayishyatīti manvānāḥ samyagghar shayutāḥ |

taiḥ saha tatra gacchanti vāyubhūtā jalārthina iti.

10. Wo ein Zusammentreffen dieser stattfindet, dort werden alle Sünden, wie Tötung und andere, getilgt, wie viel mehr die eine Unreinigkeit der Flüsse.

11. Wer sich, wenn den (sieben) Ṛshis gesprengt wird, dazwischen stellt und mit dem Leibe die von den Versammelten ausgegossenen Wassertropfen (der Spende) auffängt,

12. der wird, ist er ein Brahmane, sicher seine Wünsche, wie Wissen u. s. w., ist es ein Mädchen, die seinigen, einen Mann u. s. w., erlangen, auch die Genüsse des Jenseits; daran ist gar kein Zweifel.

13. Unreines, von einem Unreinen gegeben, Ungekochtes, mit bloſsem Wasser (ohne Sesamkörner Gegebenes), genieſsen die Toten, wenn noch nicht zehn Tage verflossen sind, als Dämonen (nicht als pitaraḥ).

14. Alle Wasser auf der Erde, selbst die in Brunnen befindlichen, sollen dem Wasser der Gaṅgā gleich sein bei einer Mond- und Sonnenfinsternis; daran ist kein Zweifel.

---

10. Yatra deçe pūrvoktānām eteshāṁ vedādināṁ samyagāgamaḥ tatra brahmahatyādayo malāḥ pāpāni nūnaṁ niçcayena kshayaṁ yānti nāçam āpnuvanti | uteti vitarko | kim ekaṁ nadīrajaḥ kshayaṁ na yāti api tu tad api yātīty arthaḥ.

11. Brāhmaṇādibhis tarpaṇārthaṁ sicyamānānām ṛshīṇāṁ yo 'ntarāladeçasamāçritaḥ san çarīreṇa kṛtvā pari samantatobhāvena tair muktāḥ jalacchaṭā udakabindūn samyag ādareṇa pibet | çarīreṇeti vacanāt mukhavyādānādibhir na pibed iti darçayati | ṛshīṇām iti bahuvacanaṁ saptopalakshaṇārtham | tasya kim ity āha |

13. Açuci rajodoshayutaṁ yad udakādyaṁ dravyaṁ açucinā pretasūtakādinimittinā satā nareṇa dattaṁ āmaṁ yathā maraṇadine pākaçrāddhānnadine saty api çabalabanadivase çarāvādipātreṇāmānnadānam acchajalādinā yathā pitṛtarpaṇe tilaniyame saty api pretāñjalikāle tilālābhāt (E[b c] in Korr. tilābhāvāt) kāla (codd. kālam, korr. E[c]) (l. tilālābhakāle) 'vilambayan atilajaladānam ādiçabdād darbhālābhād adarbhodakadānaṁ darçayati | evam acchajalādinā dattaṁ kevalaṁ jalamātram ity abhiprāyaḥ | anirgatadaçāhāḥ pretāḥ | na vidyate daçāhodbhavanimittapiṇḍadānena nirgato daçāho yeshāṁ te tathā adattadaçapiṇḍā ity arthaḥ | yatas te prāyaço 'çucidravyabhujaḥ (E[c]: °bhājaḥ) atas te bhuñjate bhogaṁ kurvanti | ataḥ pretasnāne na doshaḥ | itarathā yady açucidehaḥ sann açucidravyaṁ mṛtāhany āmānnam atilaṁ jalaṁ ca dadāti tadā tu punaḥ rakshāṁsi bhuñjate | na tu pitara iti ||

Kritische Anmerkungen.

I.

2a. C athodṛtam.

2b. A D F G T trivṛttañ copavītaṁ; C trivṛd yajñopavītaṁ syát; D tasyai syaiko (sic!) tra sthitir iahyate.

3. B °vaṁçena cānābhyāṁ ca dṛtam; C pṛabṭhavaṁçena nā; C nātra lambaṁ na nocchṛtaṁ; C tat karoti.

5a. C prāçya yo dvijar (sic!) unmṛjya khāny ātbhis (sic!) samupaspṛçet; B E etān upaspṛçet.

6a. D cakshuççrotre; A F G haben davor den Vers: saṁhatābhis tryaṅgulibhir āsyam evam upaspṛçet. Wie aus dem Kommentar sich ergiebt, ist er aus der Dakshasaṁhitā hier eingedrungen, wo er mit einigen v. l. ebenso wie Strophe 6. 7 steht p. 690 des Dharmaçāstrasaṁgraha ed. Bombay çak. 1805.

7. D bahum.

8a. C yatropaviçyate; T na cocyate; D dṛçyate.

9a. D nāsti.

9b. T diço jñeyāḥ prācīsaumyāparājitāḥ; C tatra tisra diçaḥ.

10a. T āsīna ūrddhvaḥ prahvo vā; D āsīne ūrddhvataḥ prahvo; B yatra deçataḥ.

11. C hat nur Gaurī Pa — araḥ.

12a. In C fehlt Pushṭis tathā Tushṭir.

12b. Gaṇeçānādhikāsv etā; D vṛddhāḥ.

14b. C naivedyañ ca.

15. T (p. 1039) saptavārān und pañcavārān.

16. 17. In B und C umgestellt.

16. T tad anu çrāddhadānam upakramet.

17a. E nānishṭvā tu pitṛçrāddhe vaidikaṁ kiṁcid ācared; T karma kuryān na vaidikam.

17b. E tebhyo 'pi mātaraḥ.

II.

1a. C āmantrya tān āprān (sic!).

2a. B °yajñiyāḥ; D pākayajñiyā.

2b. C daivatyāḥ ka° °daivikāḥ; D °devakāḥ.

3b. E pitṛtīrthena saṁstṛtāḥ.

4a. C piṇḍārthaṁ saṁskṛtā darbhās tadarthena tathaiva ca; E G tarpaṇārthaṁ; D yo tvatā (sic!) darbhbhāḥ taraṇārthe.

5b. C E °caraṇa api; D paricaraṁs tathā.

6a. C nipāto naiva sa°.

7a. E datteshu sūpaveçya; D datteshūpa°; E° pitṛbhyo 'rghaṁ pradāpayet; D upaviçya.

8a. C pitṛtīrtham.

9b. C naikaikasya pradīyate.

12a. C anatpramā°; D ekaike.

12b. C piñjūlāṁ.

13a. C pitṛmantryānudraviṇā; D pitryamātrānu°.

14a. C E ākṛshṭo; E° ākushṭe; D mūkhikāsparça ākrushṭau.

14b. A C E F G apaḥ spṛçet.

III.

1a. T munibhiḥ.

1b. C tṛtīyāyāṁ yathākṛmāṁ (sic!).

2b. C tat tasya coditam.

4b. B eta eva samāpayet; C tata etat samāpayet.

5a. B C samāptam; D samaptam (sic!); C mayaitad eva tūkṛtaṁ (sic!); D mayi tad.

6a. C tatra.

6b. C D tadaṁgasya kriyāyāñ ca.

7a. C yas tantraṁ nirjapo; B iti yat karma trir.

8a. C japet tatra.

8b. C çubhaṁ.

9a. C tilamad yavamat; D om. yavavat tathā (Lücke angedeutet); om. saṁnidhau.

9b. C tṛpte tu; nur B tṛptā.

10b. C proktam.

11a. B darbheshv; C vādyam.

11b. C mūladeçe pi sthāṇḍasthānaiṁ (sic!) pātrataḥ; D prāgagreshv apy adarbhheshv kshipen mūladeçe vanenikshipati pātrataḥ nistilāḥ; B hinter pātrataḥ noch nistilāḥ; T (p. 980) nistilāḥ.

12b. D prabhṛtiṁs tu; D prabhṛtis tu teshām eva ca vāmataḥ.

13. B °karkandhu°; D upashicya.

14a. D pramāṇataḥ.

14b. B tatpātre kshālanenātha purato 'py avanejayet.

IV.

2b. B °deçeshv ihacchiktāṁç ca; C deçeshv ihaka siktāṁç ca.

3a. C tata āvāhayed dvijān.

3b. C yavādivahito.

4a. D dakshiṇāplavane.

4b. C caisho 'nyatra; B darbheshv; B vidhi.

5b. E yugmān evodakena ca; D çivāyāṇaḥ santv iti ca yugmano vâ yavodako (sic!).

6. C pratidāpayet; D pratipādayet korrigiert zu pratidāpayet.

C hat V. 6 und 7a zu einer Verseinheit vereinigt. V. 8 ausgelassen. 7b mit 9a verbunden und so ferner bis V. 6 im nächsten khaṇḍam.

7a. C dānañ ca; D tvargha°.

7b. C caturthyānta.

8a. D argho.

8b. B nivṛtti; D tantrasya vinivṛttiḥ.

9b. D pavitrānto hitān.

10a. C °vācyaṁgushṭhapraçna hi tat sadā; B °gushṭhapragrahaṁ; D vācyam aṅgushṭhapragrahaṁ sadā.

10b. BCDE pitryasya.

12. CFG guhyaṁ ca.

V.

1. T kriyoran karmakāriṇā; G asakṛt tāni karmāṇi; B mūtara; D naitāḥ.

2a. C viçvedevas.

2b fehlt in D; C doço ca; B pūrṇamāse.

4. nāshṭakān na.

5a. ABCDE ya ukto garbhādhānapuṁsavanāntaḥ; (B °dhānaḥ;) (C yad ukto;) FGT (p. 348) ya ukto garbhādhānaṁ çuçruma yasya cānte.

5b. C vivāhādau caikam evātra kuryāt; E evātra çrāddhaṁ kuryān nādau.

6a. FG genishkrāma°; C genishkānta.

6b. C vidyate.

7. D °prayogam eteshām.

8. B °paçuḥ°; FG parivinyatoḥ; D karmaṇā.

C hat V. 10 vor 9.

9a. CD °dushṭa°.

9b. BC krimi°.

10. B gaṇoçaḥ; FG vṛthag.

VI.

1. C tathâçrayo; D tad āçratya (sic!).

2. D dārādi°.

3. BD api jīrṇaprāyaçcittau.

5a. B kuṁdakān.

5b. C narasya ca; D kṛshiçaktunṛpasya.

6. D kulaṭonnāticaurāṁç ca.

7a. B rājā°; C paricaryā (sic!) kushītañ (sic!) ca çevakaṁ (sic!) ka°.

7b. C prokshitañ ca; B tvaram.

8a. FG abdād ūrddhvaṁ samācaret; C °nas tv ashṭadanto.

8b. C āgatena punas tasmin pādaṁ vā çuddhaye caran; DB pādaṁ vā çuddhayo.

9a. C prāṅganāthas tu.

9b. C na cottaraṁ.

10a. C udagāyatā ca yo saṁlagnāḥ jñeyā prā°; B udagnāyāḥç ca saṁ.°

10b. A saptasaptāṅgulān asya; B °lāṁ nasya; C saptasaptāṁgulāni syuḥ; D °āṁs tyaktvā.

11b. D C eva.

12. D om. sa hi.

13a. C satyena yaḥ kvacit.

15. D labhed anyāṁ yācamāno 'nyakanyakām.

VII.

1a. C prāçasto vā samudbhavaḥ; B tatu | yā prā° çākhā vorddhvagāpi | vorddhvagāpi vā.

1b. C corddhva°.

2. D sāravad dāravañ cātra yodhanī ca pra°.

3a. C āsaktamūlo.

3b. FG uddhared avilambitaḥ; B °garbhād dharo garbhāvilaṁbitaḥ.

4. FG aṅgushṭhadairghyam; C pārthivā; FG ucchraye.

5a. C ashṭāṅgulapramāṇa syād dvādaçāṅgula eva ca.

7. FG trivṛttam amalātmakam; C anaṁsvakaṁ; A anaṁkhagam; D anaṁkhakaṁ; D anakhagaṁ, E anaṁkhagam, in der Erklärung korrigiert anukhagam.

8b. C etāni sāṁgulaṁ vaksha ucyate; D dvyaṅgulam.

9. B bastir.

10a. C uro jaṁghe ca.

11a. C yatra gu°.

11b. C tasyāṁ.

12a. C yo na ma°; B maṁthane caisha.

13a. C uttarāraṇī niryatra (sic!); BC prathamaḥ.

14. D om. ghū.

VIII.

1a. D yathāsukham.

1b. C āvṛtyā.

2a. C yatra budhno; FG vṛdhno.

2b. D gūḍham kuryā vi°.

3a. AE kīlakāgrastām; B udagagragām.

3b. C nishkaṁbhād; D dhārayec caitram (?).

4a. C nirudhyeshṇyātha netreṇa citraṁ paivodanaṁsakāḥ (sic!).

4b. FG araṇyantyāḥ; C prācy agreshv adhadhāc (sic) çuciḥ; B syād yasya çuciḥ; D prācy agrāmyād yathā.

5a. D naikadāpi.

5b. C sarvātmānvārabhanti; FG sarvānvācārabhanti; D sarvā sānvaribhānti (oder sānvari°) yat.

6a. B janmanaḥ; D jyeshṭhena.

6b. C saidbyābhir; FG manthanaṁ punaḥ.

7b. C puṁsā ca gṛhasaṁgataṁ.

8b. C manthyam; D dhānyatamo.

9b. C D brāhmaṇaṁ; D tat pra°.

10a. C D kṛtvā sarvatantra°; D yajñakāvāstvanto brahmaṇe.

11a. C homapātram anādṛtya deço dravyos tu (sic) vā smṛtaḥ.

11b. C srūcaivātra na huyate.

12. B hier und in 12 sruvaḥ, in 12 aber dvivitasti.

12a. F G vātha palāça.

13. F G lesen:

Sruvāgre ghrāṇavat khātaṁ dvyaṅgushṭhaparimaṇḍalasthalam |
juhvāḥ çarāvavat khātaṁ sanirvāhaṁ shaḍaṅgulaṁ kuryāt ||;

E khātaṁ dviguṇaṁ parimaṇḍalaṁ sthūlaṁ sarvakhatāṁ sanirvāhaṁ srucaç cārdhashaḍaṅgulam kuryāt, erklärt jedoch dvyaṅgushṭhapari°; C ghrāṇava svātaṁ; C sarvasvātam; B °maṇḍalaṁ sthālam.

14a. A B D prākçaç caiva kuçaiḥ; C prāhaçac ca kuçaiḥ .. juhushvatā; F G teshāṁ prākçaḥ; B kāryaṁ; D sapramārjjo vihūshatā.

14b. D pratāpañ caiva li° prakshālyañ caiva vāriṇā.

15b. B tathā āsādayed.

16a. C havya sad anādoçe.

16b. C tataç ca deva; B 1. Hand mantreshu, korrigiert zu mantradeva°; E mantraç ca deva°; D devatāyāñ ca.

18a. B prādeçān nādhikān nānā; C E °dhikānyūno; D °dhikāmūlā; FG nonā na tathā syād viçākhikā; A nonā na ca çākhā viçākhikā.

19b. F G evaṁvidhā syur oveha samidhaḥ.

20a. B samiddho.

21. B °shṭāc cetndhanārthaṁ; D °rishṭāc cendhanarthaṁ (sic!) samidhaṁ bhavet.

22. B nivṛttaḥ.

23a. C eshāñ caitad upary uktā teshāñ caiva suteshu ca; D yeshāñ caiva tad upary uktam.

24. C japahomādi°; B C D kṛtva°; F G somāhutishu.

LX.

1. C shaḍviṁçadbhis.

2. C puṇyo nānyo °bhyuditahominām; D puṇo nānyābhyudita°.

3. A B C D lohitimāpaiti; E lauhityam apaiti; F G lauhityam āpaiti.

4. B vṛkshāgrāṁ tvarito.

5. B prapadaṁ tu vi°; C visarjayet; D virūpākshañ ca.

6. C ataç ca vāma°. A B tridherci vā; C ṛco 'pi vā; F G ṛcas tridhā; D E ṛce rci vā; C ganeshv ete; C devake.

7. C F G candradarçanam.

8. C yāny atha staraṇāmnātān; F G yāny adhastaraṇāntāni; D yāny adha staraṇāmnātan na; D adha staragāmnānāṁ na.

9. C bahiḥ° vāmadevyaṁ japaṁ; D kṛtvā.

10. B hier vrīhayaḥ; D gaurādīn.

11. F G sruvamātrapāvakā.

12. C aṅgāriṇī.
13. B çriyam atyantikiṁ tathā.
14a. F G çūrpāsphyadārubbiḥ.
14b. C agnidagmanaṁ; B vyaṁjanādinā.
15. D taṁ.

X.

1. C gṛhe caivad (sic!) amantravat.
2. C °gulam ayoditaṁ; C pravāpayet.
4. C prajāḥ paçu vasūnl ca; B tan no dehi.
5. F G yavyadvayam; B na kurvīta sarvā nadyo rajasvalāḥ.
6. F G gatir yâsâm; F G gartāntāḥ; C tāsām; C °vāhā.
7. D prātasnāne.
8. C °rthino hi pi°; C maricādyās.
9. C pipāsūn api gacchanti saṁhṛshya; D viyāsūn; B A C saṁhṛshṭāḥ; F G svaçarīriṇaḥ.
10. D nyūnaṁ.
11. D parishanmuktajalacharāḥ; C °janacchadāḥ; D parimuktajalā — ḥ (sic!).
12. D āpnuyān nātra saṁçayaḥ.
13. F G āmam antarjalādinā; D āmam ṛkthajalādinā; B anirgatadaçāhnā syuḥ.

Nachtrag.

Während des Druckes kommt mir der unlängst abgeschlossene Band III. 1. von Hemādris Caturvargacintāmaṇi zu Gesichte. Er enthält viele Citate aus dem K., besonders aus I, 2—4 in einer Fassung des Textes, die nichts Bemerkenswertes zeigt. Er citiert den K. einmal mit Kâtyâyana oder Çlokakâtyâyana, wenn er den Prosakātyāyana eben angeführt hat. Dann bringt er Stellen des K. als aus dem Bhavishyapurāṇam stammend, so daſs also wohl dieses bis jetzt anscheinend unedierte Purāṇam den K. ganz oder teilweise in sich aufgenommen hat. Wenn Citate aus unserem Werke mit Ṛshyaçṛnga gegeben werden, so könnte mit Ṛ. der Sprecher des Bhavishyapurāṇam gemeint sein, z. B. p. 1215. Einmal erscheint der K. als Vahvṛcapariçishṭam p. 1337.

Halle a. S., Buchdruckerei des Waisenhauses.

DER KARMAPRADĪPA

II. PRAPĀṬHAKA

HERAUSGEGEBEN UND ÜBERSETZT

VON

DR. A. FREIHERRN VON STAËL-HOLSTEIN

LEIPZIG
OTTO HARRASSOWITZ
1900

Diese Arbeit ist auch als Hallesche Dissertation erschienen.

Einleitung.

Zu der vorliegenden Ausgabe habe ich die folgenden Handschriften benutzt:

1. *BC.* Die Handschrift der Königlichen Bibliothek zu Berlin, welche bei Weber, Verzeichnis der Sanskrithandschriften (Berlin 1853), unter Nr. 327 angeführt wird. Sie enthält den Text mit dem Kommentare des Āśāditya, ist im ganzen recht korrekt und auch gut geschrieben, aber nur sehr mangelhaft durchkorrigiert.
2. *LC.* Das in Eggelings Catalogue, Part I, mit den Zahlen 462 und 463 bezeichnete Manuskript des India Office zu London. Auch dieses enthält den Text mit dem Kommentare des Āśāditya. Der Schreiber, welcher sich zuerst mit der Handschrift beschäftigte, schrieb zwar eine sehr schöne und leicht zu lesende Hand, hatte aber kein Verständnis für das von ihm Kopierte. Es finden sich nämlich in dieser Handschrift Lücken, Wiederholungen und Umstellungen, die nur zu erklären sind, wenn man annimmt, dafs der Schreiber vielfach die losen Blätter seiner Vorlage verwechselte und dann einige Teile ganz ausliefs, andere aber gedankenlos zweimal abschrieb. Das Manuskript ist später von einem gelehrten Schreiber mit schlechter Handschrift an vielen Stellen korrigiert und ergänzt worden. Es hat nach Eggeling durch Dampf gelitten und befindet sich daher auch sonst in einem Zustande, der die Benutzung wesentlich erschwert.

   Nach *BC* und *LC* habe ich die von mir mitgeteilten Proben des Kommentars gegeben. — Auffallend ist, dafs der Text beider Kommentarhandschriften häufig bedeutend von demjenigen abweicht, der dem Kommentator vorgelegen haben mufs.

3. *BT.* Die Berliner Handschrift Nr. 326 (nach Weber). Sie giebt ebenso wie die folgenden Mss. nur den Text des Karmapradīpa mit einigen Glossen und ist sehr korrekt.

4. *LT.* Die im Catalogue mit Nr. 460 bezeichnete Handschrift des India Office. Auch sie ist recht korrekt geschrieben.

5. *LB.* Die Handschrift Nr. 461 derselben Sammlung. Sie giebt einen lückenhaften und stellenweise arg korrumpierten Text in Bengalīcharakteren.

6. *M.* Die den Namen Gobhilasmṛti tragende Handschrift der Königlichen Hof- und Staatsbibliothek zu München. Diese ist augenscheinlich in neuester Zeit geschrieben worden und sehr inkorrekt.

Schrader hat bereits die obigen Mss. mit Ausnahme von *M* auf den Seiten 1 und 2 seiner unten zu nennenden Arbeit beschrieben. Dort finden sich vielfach genauere Angaben als hier.

Im kritischen Apparate habe ich die Abweichungen der Handschriften von meinem Texte meist nicht angegeben, wenn die variae lectiones als unzweifelhafte Schreibfehler sofort zu erkennen oder rein orthographischer Natur waren. Im letzteren Falle habe ich auch die drei mir vorliegenden Textausgaben des Karmapradīpa unberücksichtigt gelassen.

Da ich das Ms. *LB* nicht ganz ausreichend kollationieren konnte, mögen mir hier auch einige wichtigere Abweichungen entgangen sein.

BA. Der Karmapradīpa ist, soviel mir bekannt, zum erstenmal als Kātyāyanasaṃhitā in der von Stenzler, Ind. Stud. I, pag. 237 ff. (Berlin 1850) beschriebenen Calcuttaer Ausgabe von Gesetzbüchern gedruckt worden. Der Herausgeber nennt sich Śrībhavānīcaraṇavandyopādhyāya.

Das mir vorliegende Exemplar dieser mit bengalischen Buchstaben gedruckten Sammlung hat keine Jahreszahl, keine durchgehende Paginierung und keinen Gesamttitel. Stenzler sagt l. c., die Königliche Bibliothek besitze die genannte Gesetzsammlung „seit einigen Jahren“, der Text ist also jedenfalls nicht später als im Jahre 1848 gedruckt worden. — Obgleich nicht fehlerfrei, ist diese Ausgabe entschieden besser als die beiden folgenden.

CA. Jīvānandavidyāsāgara giebt im ersten Teile seines Dharmaśāstrasaṅgraha (Calcutta 1876) auf den Seiten 603—644 einen durch Druckfehler vielfach entstellten Text des Karmapradīpa.

LA. Mit dem Karmapradīpa des Jīvānanda zeigt derjenige des Bombayer lithographierten Dharmaśāstrasaṃgraha oder aṣṭāviṃśati smṛtayaḥ (śaka 1805) oft eine auffallende Übereinstimmung. Beide Ausgaben zeigen oft dieselben sinnentstellenden Abweichungen von besseren Texten. Vgl. krit. Anm. zu Kmp. 2, 7, 1 und 4.

Die vorliegende Arbeit ist eine Fortsetzung der von Dr. Friedrich Schrader begonnenen Neuherausgabe des Karmapradīpa (Schrader, Der Karmapradīpa, I. Prapāṭhaka, Halle a.S. 1889). Um mir unnötige Wiederholungen des von Schrader Gesagten zu ersparen, verweise ich auf das, was er in seiner Einleitung über die Notwendigkeit einer Neuherausgabe, über das Verhältnis des Karmapradīpa zu Gobhila und andere von mir hier nicht behandelte Gegenstände gesagt hat.

Es sind mir drei Werke bekannt, die nach der Schraderschen Arbeit (1889) erschienen sind und näher auf den Karmapradīpa eingehen: 1. Jolly, Recht und Sitte (Grundrifs der indo-arischen Philologie und Altertumskunde Band II, Heft VIII, Strafsburg 1896). 2. Hillebrandt, Ritualliteratur u.s.w. (Band III, Heft II desselben Sammelwerkes, Strafsburg 1897). 3. Caland, Altindischer Ahnencult, Leiden 1893.

Hillebrandt (pag. 37 und 38) beschränkt sich darauf, die Ausführungen Schraders (pag. 4) über den Karmapradīpa im allgemeinen nebst den auch von Schrader citierten Darlegungen Knauers (Gobhila Gṛhyasūtra Heft II. Dorpat 1886, pag. 10—14) zusammenzufassen. Wesentlich dasselbe thut auch Caland (pag. 112 ff.) unter Hinzufügung verschiedener Einzelheiten.

Jolly betont l. c. p. 25, dafs die bisher nur aus Citaten bekannte und „für das eigentliche Recht höchst wichtige Smṛti des Kātyāyana“ mit dem Kmp. nicht zu identifizieren sei. — Er sagt ferner pag. 27: „Es ist möglich, dafs derselbe (d. h. der Karmapradīpa) ein Bruchstück der ursprünglichen Smṛti des Kāty. ist.“ Das halte ich für durchaus unwahrscheinlich. Man wird doch wohl kaum annehmen wollen, dafs Verse wie Kmp. 2, 8, 1—22 in der alten Kāty. Smṛti gestanden haben. Die genannten Verse schliefsen sich eng an Gobhila 4, 2, 16—4, 3, 12 an, halten sich genau an die Reihenfolge dieser Sūtren und erklären sogar einzelne dort angewandte Worte (vgl. Kmp. 2, 8, 5 mit Gobhila 4, 2, 29 sowie Kmp. 2, 8, 17 mit Gobhila 4, 3, 2), wie das sonst die Kommentare zu thun pflegen.

Es ist aber sehr möglich, dafs viele Verse der alten Kāty. Smṛti in den Karmapradīpa übergegangen sind.

Was die Einteilung des Textes in Kaṇḍikās anbetrifft, so gebe ich mit den besten Mss. den II. Prapāṭhaka in zehn K.'s. Die Ausgaben haben nur neun K.'s da sie die zwölf Verse der siebenten K. mit zur sechsten rechnen.

Die Angaben Schraders (pag. 4) sind dahin zu ergänzen, dafs der dort citierte von Tarkālaṃkāra pag. 122 angeführte Vers sich auch in *LT* wiederfindet. Er ist zwar verstümmelt, doch läfst sich seine Identität nicht verkennen. Zwischen den Versen, die in meinem Texte mit 2, 4, 9 und 2, 4, 10 bezeichnet sind, findet sich nämlich in *LT* das Folgende: annaṃ vyāhṛti (an der entsprechenden Stelle findet sich ein unverständliches Zeichen) rkutvā hutvā mantraiś ca śākalaiḥ / bhūtebhyaś ca baliṃ dadyāt tato śneyād (sic) anagnimān //.

Aus denselben Gründen wie Schrader habe auch ich im vorliegenden Texte den Visarga vor s + tonlosem Konsonanten nicht geschrieben (vgl. Kmp. 2, 9, 11), das ḥ vor s + Halbvokal jedoch beibehalten, obgleich einige Mss. wie z. B. *LT* es auch in diesem Falle oft auslassen. Vgl. Schrader, Einleitung, pag. 5 und 6.

Die Handschriften *BT* und *LT* schieben fast ganz konsequent zwischen ein schliefsendes n und ein folgendes s ein t ein; dieselbe Schreibart findet sich mitunter auch in *BC*, *LC* und *M*. (Vgl. Kmp. 2, 10, 11 nebst den textkritischen Anmerkungen.) In Anbetracht dieser Umstände gebe ich den Text mit der genannten altertümlichen Abweichung von der in nachvedischen Schriften allgemein üblichen Orthographie.

Sonst war ich bemüht, den Text mit der Orthographie der Petersburger Wörterbücher in Übereinstimmung zu bringen. Für die von mir mitgeteilten Bruchstücke des Kommentars habe ich stets die letztgenannte Schreibweise als Richtschnur benutzt, denn in den Kommentarhandschriften wird keine beachtenswerte[1]) Abweichung von dieser Norm konsequent durchgeführt.

Am Schluſs dieser einleitenden Bemerkungen will ich es nicht versäumen, meinen hochverehrten Lehrern den Herren Professor Dr. Pischel zu Halle, Professor Dr. Geldner zu Berlin und Privatdozent Dr. Sieg ebendort, den liebenswürdigen Anregern und Förderern der vorliegenden Arbeit, meinen ergebensten Dank auszusprechen.

1) Ich glaube, hier von einer Behandlung der Schreibungen: ṇt statt nt u. s. w. absehen zu dürfen.

I.

ata ūrdhvaṃ pravakṣyāmi saṃdhyopāsanakaṃ vidhim |

anarhaḥ karmaṇāṃ vipraḥ saṃdhyāhīno yataḥ smṛtaḥ || 1. ||

Nunmehr werde ich die Regeln über die Saṃdhyāceremonie auseinandersetzen; denn es wird gelehrt, dafs der Brahmane, welcher die Saṃdhyā vernachlässigt, der heiligen Handlungen unwürdig ist.

savye pāṇau kuśān kṛtvā kuryād ācamanakriyām |

hrasvāḥ pracaraṇāya syuḥ kuśā dīrghās tu barhiṣaḥ || 2. ||

Nachdem er Kuśahalme in die Linke genommen hat, führe er die Ceremonie des Mundspülens aus. Kurz sollen die Kuśahalme sein (welche) für die Manipulationen (bestimmt sind), lang jedoch die (Halme für die) Opferstreu.

Ausgg. pracaraṇīyāḥ *LT* pracaraṇāyā.

darbhāḥ pavitram ity uktam ataḥ saṃdhyādikarmaṇi |

savyaḥ sopagrahaḥ kāryo dakṣiṇaḥ sapavitrakaḥ || 3. ||

„Darbhagräser sind das Läuterungsmittel" — so heifst es; deshalb soll während der Saṃdhyāhandlung u. s. w. die Linke mit einer Handvoll (Kuśagras) und die Rechte mit den Läuterungshalmen versehen sein.

BT karmasu *M* uktaḥ manaḥ statt uktam ataḥ *LT* sapavitrakāṃ.

rakṣayed vāriṇātmānaṃ parikṣipya samantataḥ |

śiraso mārjanaṃ kuryāt kuśaiḥ sodakabindubhiḥ || 4. ||

Er bewahre sich selbst (vor Ungemach aller Art), indem er nach allen Seiten hin Wasser spritzt. Er reinige seinen Kopf mit befeuchteten Kuśagräsern.

LC vāraṇātmānaṃ *LT* samaṃjataḥ.

praṇavo bhūr bhuvaḥ svaś ca sāvitrī ca tṛtīyakā ‖
abdaivatas tṛcaś caiva caturtha iti mārjanam ‖ 5. ‖

Die Reinigung findet statt, indem er die Silbe oṃ, (die Mahāvyāhṛtis —) bhūḥ, bhuvaḥ, svaḥ — drittens die Sāvitrī und viertens die drei Verse hersagt, welche das Wasser zur Gottheit haben.

LA abdaivatyaṃ tṛcaścaiva caturtham u. s. w. *CA*, *BA*?

bhūrādyās tisra evaitā mahāvyāhṛtayo 'vyayāḥ ‖
mahar janas tapaḥ satyaṃ gāyatrī ca śiras tathā ‖ 6. ‖

Diese drei unvergänglichen mit bhūḥ beginnenden Mahāvyāhṛtis, (die Vyāhṛtis) mahaḥ, janaḥ, tapaḥ, satyam, die Gāyatrī und der Śirasspruch (kommen zur Anwendung).

M, *LB* jana tapaḥ.

āpo jyotī raso 'mṛtaṃ brahma bhūr bhuvaḥ svar iti śiraḥ ‖
pratipratīkaṃ praṇavam uccārayed ante ca śirasaḥ ‖ 7. ‖

„O Gewässer (ihr seid) Licht, Saft, Ambrosia und das Brahman, bhūr bhuvaḥ svaḥ" — so (lautet) der Śirasspruch. Am Anfang eines jeden Wortes (oder Spruches) und am Ende des Śirasspruches soll er die Silbe oṃ aussprechen.

CA āpa *LT*, *LB*, *M* jyotī *LA*, *CA* pratipratīkaṃ *M* ca fehlt.

etā etāṃ sahānena tathaibhir daśabhiḥ saha ‖
trir japed āyataprāṇaḥ prāṇāyāmaḥ sa ucyate ‖ 8. ‖

Diese (Vyāhṛtis), jene (Gāyatrī) mit diesem (Śirasspruch) und jenen zehn (Oṃkāras) soll er dreimal mit angehaltenem Atem murmeln — das nennt man die Atemanhaltung.

BC, *BT*, *LB*, *M* āyataḥ prāṇaḥ.

karoṇoddhṛtya salilaṃ ghrāṇam āsajya tatra ca ‖
japed anāyatāsur vā triḥ sakṛd vāghamarṣaṇam ‖ 9. ‖

Nachdem er mit der Hand Wasser geschöpft und seine Nase dort hinein (d. h. in die mit Wasser gefüllte hohle Hand) gesteckt hat, soll er dreimal oder einmal die Aghamarṣaṇahymne murmeln, (indem er dabei den Atem anhält) oder ohne den Atem anzuhalten.

M āsādya statt āsajya *LC* āsajya *LA* vāvamarṇaṇam.

utthāyārkaṃ prati prohet trikeṇāñjalim ambhasaḥ ‖
uc citram ity ṛgdvayena upatiṣṭhed anantaram ‖ 10. ‖

Nachdem er sich erhoben hat, soll er der Sonne zugewandt mit der (Vers 5a erwähnten) Dreiheit einen Añjali voll Wasser ausgiefsen. Darauf soll er (die Sonne) mit den beiden Versen verehren, welche mit den Worten „Empor“ (ṚV. 1,50,1) beziehungsweise „Hell“ (ṚV. 1,115,1) beginnen.

Ausgg. trikeṇāñjalināmbhasaḥ und ucoitramṛgdvayenāthe oopatiṣṭhed anantaram *LB* ucoitramṛgdvayenopa u. s. w.

saṃdhyādvayo 'py upasthānam etad āhur manīṣiṇaḥ ‖
madhye tv ahna upary asya vibhrāḍādīcchayā japet ‖ 11. ‖

Diese Verehrung schreiben die Weisen für die zwei Dämmerungszeiten (des Tages) vor, um die Mittagszeit aber soll er aufserdem so viele von den mit dem Worte „Strahlend“ (ṚV. 10, 170,1) beginnenden Versen hersagen als er will.

tad asaṃpṛktapārṣṇir vā ekapād ardhapād api ‖
kuryāt kṛtāñjalir vāpi ūrdhvabāhur athāpi vā ‖ 12. ‖

Dieses soll er ausführen, indem seine Hacken (den Boden) nicht berühren (also auf den Fufsspitzen stehend), auf einem Fufse stehend oder auf einem halben Fufse stehend (d. h. wohl: nur mit einer Fufsspitze den Boden berührend) und ferner mit zusammengelegten Händen oder mit erhobenen Armen.

Ausgg. asaṃsaktapārṣṇir *BC* asaṃsaktapārṣṇi *LC* asaṃkta etc.

yatra syāt kṛcchrabhūyastvaṃ śreyaso 'pi manīṣiṇaḥ ‖
bhūyastvaṃ bruvate tatra kṛcchrāc chreyo hy avāpyate ‖ 13. ‖

Wo mehr Beschwerlichkeit ist, da ist auch mehr Heil, so sagen die Weisen; denn infolge von Beschwerlichkeit (die man sich selbst auferlegt) erlangt man Heil.

LT kṛchrābhyeyohyavāpyate.

tiṣṭhed odayanāt pūrvāṃ madhyamām api śaktitaḥ |
āsītodayanāc cāntyāṃ saṃdhyāṃ pūrvatrikaṃ japan | 14. |

Indem er die oben erwähnte Dreiheit recitiert, soll er bis zu dem Aufgange (der Sonne), während der ersten Saṃdhyā und auch während der mittleren Saṃdhyā, womöglich stehen und bis zu dem Aufgange (der Sterne) während der letzten sitzen.

LA, *CA* tiṣṭhedudayanāt u. s. w. und ānītoḍūdgamāc cāntyāṃ saṃdhyāṃ pūrvātrukaṃ japan *BA* liest wie oben pūrvatrikaṃ und āsīto°, sonst wie *LA* und *CA*. — *BC* tiṣṭhod udayanāt und āsītodayanāc cāṃtyāṃtyāṃ (sic) saṃdhyāṃ pūrvatrikaṃ japet; am Rande wird mitgeteilt, dafs ṛkṣāṃ ein anderer „pāṭhaḥ" für die Silbe ccāṃ ist. — *LC* asītodayanārkṣātyāṃ (ohne das mittlere ṃ) u. s. w. und japet. — *M* asītāstamayāc u. s. w. und japet. — *LB* liest wie oben, es steht nur an der Stelle des Akṣara ntyāṃ in āsītodayanāc cāntyām ein mir unbekanntes Zeichen.

etat saṃdhyātrayaṃ proktaṃ brāhmaṇyaṃ yatra tiṣṭhati |
yasya nāsty ādaras tatra na sa brāhmaṇa ucyate | 15. |

Diese drei Saṃdhyāceremonieen (d. h. die Morgen-, Mittags- und Abendsaṃdhyā), mit denen die Brahmanenwürde steht (und fällt), werden gelehrt; derjenige, welcher keinen Fleifs auf ihre Ausführung verwendet, heifst nicht (mehr) Brahmane.

LB yasya nādasty.

saṃdhyālopasya cakitaḥ snānaśīlaś ca yaḥ sadā |
taṃ doṣā nopasarpanti garutmantam ivoragāḥ | 16. |

Derjenige, welcher die Versäumung der täglichen Saṃdhyāceremonieen ängstlich vermeidet und immer fleifsig badet, den beschleichen die Sünden ebensowenig wie die Schlangen den Garutmant.

LB saṃdhyālopāsya cākartā *M* snānaśīlas tu und te doṣā. — Ausgg. saṃdhyālopāc ca.

| iti karmapradīpe dvitīyaprapāṭhakasya prathamā kaṇḍikā. |

II.

vedam ādita ārabhya śaktito 'harahar japet |
upatiṣṭhet tato Rudram arvāg vā vaidikāj japāt || 1. ||

Mit dem Anfang beginnend soll er täglich so viel vom Veda als möglich murmelnd aufsagen; nachher oder vor dem Aufsagen des Veda verehre er den Rudra.

LA, *CA* statt Rudram arvāg vā — Rudrasarvādvā. Dieser Vers bildet in den Ausgg. den Schluſs der vorigen Kaṇḍikā.

athādbhis tarpayed devānt satilābhiḥ pitṝn api |
nāmānte tarpayāmīti ādāv om iti ca bruvan || 2. ||

Darauf erfreue er mit Sesamwasser die Götter und die Manen, indem er am Ende des (Götter- oder Manen-) Namens „Ich erfreue“ und am Anfang „om“ sagt.

LT statt pitṝn — satkṛtīn Ausgg. namo 'nte.

Brahmāṇaṃ Viṣṇuṃ Rudraṃ Prajāpatiṃ vedān devāṃś[1]) chandāṃsy ṛṣīn purāṇān[2]) ācāryān gandharvān itarān māsaṃ saṃvatsaraṃ sāvayavaṃ devīr apsaraso devānugān[3]) nāgānt sāgarān parvatānt sarito divyān manuṣyān itarān manuṣyān yakṣān rakṣāṃsi suparṇān piśācān pṛthivīm oṣadhīḥ paśūn vanaspatīn bhūtagrāmaṃ caturvidham ity upavītī / atha[4]) prācīnāvītī / Yamaṃ[5]) Yamapuruṣān Kavyavālanalaṃ[6]) Somaṃ Yamaṃ[7]) Aryamaṇaṃ[8]) agniṣvāttānt somapīthān barhiṣadaḥ / atha svān pitṝnt sakṛt sakṛn mātāmahāṃś ceti[9]) pratipuruṣam abhyasyed iti[10]) / jyeṣṭhabhrātṛśvaśurapitṛvya-

1) devāṃś fehlt in *LC*. 2) Statt purāṇān findet sich in *M* purāṇānām, auſserdem steht dort das Wort ācāryān zweimal nacheinander. 3) Statt devānugān hat *LT* devānugāṃgān. 4) *LA*, *CA* artha. 5) *LB* yaṃ. 6) *LA*, *CA* kavyava ḍanalaṃ *BA* kavyavāḍanalaṃ *M* kavyavālaṃ nalaṃ *LB* kavyavān nalaṃ. 7) Fehlt in *M*. 8) *M* aryamāṇam und *LB* aryamān. 9) Das „ca“ fehlt in *LT*, das „iti“ in *LB*. 10) Dieses „iti“ fehlt in den Ausgg., *LT*, *M*, *BT*.

A — α lautet in *LB* purāṇānām ācāryān gandharvāṇām itarācāryān („māsaṃ“ fehlt in *LB*) B — β fehlt in *M* C — γ in *LB* barhiṣadaśca pitṝn.

mātulāṃś[11]) ca / pitṛvaṃśamātṛvaṃśau ye cānye matta udakam arhanti tāṃs[12]) tarpayāmīty ayam avasānāñjaliḥ / atha ślokāḥ / 3—8. ‖

11) *M* avasara, sonst wie oben. 12) Fehlt in *LB*.

(Er soll mit Sesamwasser erfreuen:) Brahman, Viṣṇu, Rudra, Prajāpati, die Vedas, die Götter, die Metren, die Ṛṣis, die alten Lehrer, die Gandharven, die Anderen (d. h. nach dem Kommentar die Kiṃnaras), den Monat, das Jahr nebst seinen Teilen, die Göttinnen, die Apsaras, das Gefolge der Götter, die Schlangen, die Meere, die Gebirge, die Flüsse, die himmlischen Menschen, die übrigen Menschen, die Yakṣas, die Rakṣas, die Suparṇas, die Piśācas, die Erde, die Pflanzen, das Vieh, die Bäume und die vierfältige Masse der Bhūta. Bis hierher soll er die Handlung mit der heiligen Schnur auf der linken Schulter vollziehen.

Nunmehr (soll er) mit der Opferschnur auf der rechten Schulter (die Folgenden mit Sesamwasser erfreuen:) Yama, Yamas Leute, den Agni, welcher den Manen ihren Anteil zuführt, Soma, Yama, Aryaman, die Agniṣvāttas, die Somapīthas und die Barhiṣads. Ferner (soll er) seine Ahnen (väterlicherseits) einzeln und auch die Ahnen der Mutter (mit Sesamwasser erfreuen); er soll bei jeder einzelnen (den beiden letzten Gruppen angehörenden) Person (das Spenden von Sesamwasser dreimal) wiederholen.

(Außerdem soll er) seinen ältesten Bruder, seinen Schwiegervater, den Bruder des Vaters und den Bruder der Mutter (mit Sesamwasser erfreuen). Mit den Worten: „Das Geschlecht des Vaters, das Geschlecht der Mutter und diejenigen, welche sonst von mir Wasser beanspruchen können, erfreue ich", wird die letzte Doppelhandvoll (Sesamwasser dargebracht). Nun folgen Verse.

Chāyāṃ yathecchec charadātapārtaḥ payaḥ pipāsuḥ kṣudito 'lam annam |
bālo janitrīṃ jananī ca bālaṃ yoṣit pumāṃsaṃ puruṣaś ca yoṣām | 9. |

Wie der von der Herbsthitze geplagte nach Schatten, der Durstige nach einem Trunke, der Hungrige nach genügender Speise, das Kind nach der Mutter, die Mutter nach dem Kinde, das Weib nach dem Manne und der Mann nach dem Weibe verlangt,

LA, *CA* ātapāttaḥ paraḥ.

tathā sarvāṇi bhūtāni sthāvarāṇi carāṇi ca |
viprād udakam icchanti sarvābhyudayakṛd dhi saḥ | 10. |

so verlangt die ganze Schöpfung, die bewegliche und die unbewegliche, nach dem Wasser des Brahmanen; denn er ist ein Allerfreuer.

BT, LC tathā bhūtāni sarvāṇi.

tasmāt sadaitat kartavyam akurvan mahatainasā |
yujyate brāhmaṇaḥ kurvan viśvam etad bibharti hi || 11. |

Deshalb ist dieses (tarpaṇam) stets auszuführen. Der Brahmane, welcher es nicht ausführt, erlebt grofses Unglück; denn indem er es vollzieht, stützt er diese ganze Welt.

Ausgg. sadaiva statt sadaitat *LT* kurvad statt kurvan *LB* kuryāt statt kurvan *LC*?

alpatvād dhomakālasya bahutvāt snānakarmaṇaḥ |
prātar na tanuyāt snānaṃ homalopo hi garhitaḥ || 12. |

Weil die Zeit, während der das tägliche Opfer stattfinden soll, nur kurz ist, und weil die Badehandlung täglich mehrfach vorzunehmen ist, soll er morgens das Baden nicht lange ausdehnen; denn das Versäumen des täglichen Opfers wird getadelt.

| iti karmapradīpe dvitīyaprapāṭhakasya dvitīyā kaṇḍikā |

III.

pañcānām atha sattrāṇām mahatām ucyate vidhiḥ ||
yair iṣṭvā satataṃ vipraḥ prāpnuyāt sadma śāśvatam | 1. |

Nun werden die Regeln für die fünf grofsen Opfer gelehrt. Wenn der Brahmane diese unablässig darbringt, erreicht er den ewigen Wohnsitz.

LT yairaṣṭvā.

devabhūtapitṛbrahmamanuṣyāṇām anukramāt ‖
mahāsattrāṇi jānīyāt ta eva hi mahāmakhāḥ ‖ 2. ‖

Als die grofsen Opfer soll er das Götteropfer, das Bhūtaopfer, das Manenopfer, das Brahmanopfer und das den Menschen dargebrachte Opfer der Reihe nach ansehen; denn dieses sind die grofsen Opfer.

LT hatte ursprünglich devabhūtapitṛyajña u. s. w., später ist das „yajña“ ausgestrichen und nichts an die Stelle gesetzt worden. *LB*, *M*, Ausgg. eveha statt eva hi.

adhyāpanaṃ brahmayajñaḥ pitṛyajñas tu tarpaṇam ‖
homo daivo balir bhauto nṛyajño 'tithipūjanam ‖ 3. ‖

Das Lehren ist das Brahmanopfer, die Erfreuung (durch Wasserspenden vgl. Kmp. 2, 2, 2) das Manenopfer, die Feuerspende das Götteropfer, die Darbringung der Balis das Bhūtaopfer und die Ausübung der Gastfreundschaft das den Menschen dargebrachte Opfer.

LB statt tarpaṇam — karmmaṇaṃ *M*, *LT* bhūto.

śrāddhaṃ vā pitṛyajñaḥ syāt pitryo balir athāpi vā ‖
yaś ca śrutijapaḥ prokto brahmayajñaḥ sa vocyate ‖ 4. ‖

Oder es ist das (tägliche) Śrāddha als das Manenopfer anzusehen, oder auch die den Manen geweihte Balispende, und das (Kmp. 2, 2, 1) vorgeschriebene (täglich vorzunehmende) Aufsagen des Veda kann auch als das Brahmanopfer aufgefafst werden.

LB? *CA*, *BA* śrutijayaḥ.

sa cārvāk tarpaṇāt kāryaḥ paścād vā prātarāhuteḥ ‖
vaiśvadevāvasāne vā nānyatra ṛte nimittakāt ‖ 5. ‖

Dieses (Brahmanopfer) ist vor der Erfreuung (der Götter u. s. w. durch Wasserspenden) vorzunehmen oder nach dem Morgenopfer oder nach dem Vaiśvadevaopfer — zu keiner anderen Zeit ohne einen (besonderen) Grund.

LC prātarāhutaḥ *LB* nānyatra ca nimittakāt. Ausg. nānyatrartau.

apy ekaṃ āśayed vipraṃ pitṛyajñārthasiddhaye |
adaivaṃ nāsti ced anyo bhoktā bhojyam athāpi vā || 6. ||

Um den Zweck des Manenopfers zu erreichen, soll er ohne das Daivam zu vollziehen (täglich mehrere oder) auch nur einen Brahmanen speisen, wenn (außer diesem) kein anderer Esser oder nicht mehr Speise (als zur Sättigung des einen erforderlich) vorhanden ist.

M bhoktā fehlt.

apy uddhṛtya yathāśaktyā kiṃcid annaṃ yathāvidhi |
pitṛbhyo 'tha manuṣyebhyo dadyād ahar ahar dvije || 7. ||

Er soll auch (wenn er nicht genügend Speise für eine vollständige Brahmanenmahlzeit hat) täglich so viel an Nahrungsmitteln irgendwelcher Art als möglich regelrecht herausnehmen und sie einem Zwiegeborenen zuerst für die Manen und dann für die Menschen zu essen geben.

M anyam statt annaṃ *LB* dvijaḥ statt dvije.

pitṛbhya idam ity uktvā svadhākāram udīrayet |
hantakāraṃ manuṣyebhyas tadardhe ninayed apaḥ || 8. ||

Nachdem er die Worte „Dieses den Vätern“ ausgesprochen hat, rufe er Svadhā, darauf Hanta für die Menschen und bringe dabei Wasser nach den Himmelsrichtungen dieser (beiden Gruppen) dar.

LT udīrayan und tadardhaṃ ninayed api *LB* tadārdhena nayed apaḥ *M* tadardhaninayedapaḥ *CA* hastakāraṃ.

ṛṣibhir dvir aśanam uktaṃ viprāṇāṃ martyavāsināṃ nityam ||
ahani tathā ca tamasvinyāṃ sārdhaprathamayāmāntaḥ || 9. ||

Die Weisen lehren, daſs die Brahmanen auf Erden stets zweimal essen sollen — (einmal) am Tage und (einmal) in der Nacht im Verlaufe der ersten anderthalb Nachtwachen.

LB liest asanam und läſst nityam ebensowie tathā aus, *M* aśmayuktam statt aśanam uktaṃ und ferner tamasvinyā *LT*, Ausgg. ahani ca tathā *BC* tamasvinyaḥ Ausgg. munibhir statt ṛṣibhir *CA*, *BA* asanam.

sāyaṃ prātar vaiśvadevaḥ kartavyo balikarma ca ||
anaśnatāpi satatam anyathā kilbiṣī bhavet | 10. |

Morgens und abends ist stets das Vaiśvadevaopfer nebst der Balihandlung (vom Yajamāna) zu vollziehen, auch wenn er (wie z. B. an Fasttagen) keine Mahlzeiten abhält; sonst (d. h. indem er die Ceremonieen nicht ausführt) ladet er eine Schuld auf sich.

LB kartavyaṃ balikarma ca *M* statt pi satatam — thimananam.

amuṣmai nama ity evaṃ balidānaṃ vidhīyate ||
balidānapradānārthaṃ namaskāraḥ kṛto yataḥ | 11. |

Es wird gelehrt, dafs die Darbringung der Balis mit den Worten „Dem N. N. Verehrung" vor sich gehen soll, denn für die Darbringung der Balispenden ist der Namaḥruf festgesetzt.

M balidānaḥ pramāṇārthaṃ *BT* pramāṇārthaṃ; die neben mā und ṇā befindlichen unleserlichen Zeichen sollen vielleicht auf eine Umstellung dieser Akṣaras hinweisen. *BC* pramāṇārthaṃ *LC* praṇāmārthaṃ.

svāhākāravaṣaṭkāranamaskārā divaukasām |
svadhākāraḥ pitṝṇāṃ ca hantakāro nṛṇāṃ kṛtaḥ | 12. |

Für die Götter sind der Svāhāruf der Vaṣaṭruf und der Namaḥruf festgesetzt, für die Manen der Svadhāruf und für die Menschen der Hantaruf.

LC tu statt ca *BC* ca fehlt und statt hantakāro findet sich namaskāro.

svadhākāreṇa ninayet pitryaṃ balim ataḥ sadā ||
tadadhy eke namaskāraṃ kurvate neti Gautamaḥ | 13. |

Darum soll er den Bali, welcher den Vätern geweiht ist, stets mit dem Svadhārufe darbringen. Aufser diesem (Svadhārufe) verwenden Einige hier den Namaḥruf. „Nicht soll dieses geschehen", lehrt Gautama.

LB, *LC*, *LT* apy statt adhy.

nāvarārdhyā balayo bhavanti mahāmārjāraśravaṇapramāṇāt |
ekatra ced avikṛṣṭā bhavantītaretaram asaṃsaktāś ca | 14. |

Die Balispenden sollen nicht kleiner als wie das Ohr einer grofsen Katze sein. Wenn sie an einem Platze (dargebracht werden, vgl. Gobh. 1, 4, 9 ff.), so sollen sie nicht weit voneinander entfernt liegen, sich (aber) gegenseitig auch nicht berühren.

BC mahāmārjana° *LC* bhavantitaram asaṃsaktāś ca Ausgg. bhavantītaretarasaṃsaktāś ca.

‖ iti karmapradīpe dvitīyaprapāṭhakasya tṛtīyā kaṇḍikā ‖

IV.

atha tadvinyāsaḥ / vṛddhipiṇḍān ivottarottarāṃś[1]) caturo balīn nidadhyāt[2]) pṛthivyai Vāyave viśvebhyo devebhyaḥ Prajāpataya iti / savyata[3]) eteṣām ekaikasyaikaikam[4]) adbhya oṣadhivanaspatibhya ākāśāya Kāmāyeti / eteṣām api Manyave[5]) Indrāya Vāsukaye Brahmaṇa iti / eteṣām api[6]) rakṣojanebhya iti / sarveṣāṃ dakṣiṇataḥ pitṛbhya iti caturdaśa nityāḥ / āśasyaprabhṛtayaḥ[7]) kāmyāḥ / sarveṣām ubhayato 'dbhiḥ pariṣekaḥ[8]) piṇḍavac ca paścimā[9]) pratipattiḥ[9]) / ‖ 1—5. ‖

1) Ausgg. ivottarāṃś *LB* ivottarāś. 2) ni fehlt in *LB*. 3) *LB* vāmataḥ. 4) *LB*, Ausgg. nur ekaikam statt ekaikasyaikaikam und *LC*, *BT* evaikaikasyaikaikam statt ekaikasyaikaikam. 5) *M* manyaśca. 6) Die Worte iti eteṣām api fehlen in *LT*. 7) Ausgg. āśasyaprabhṛtayaḥ. 8) *M* pariṣeva. 9) *M* yaścimāt pratipattiḥ.

Nun (folgen die Regeln für) das Hinsetzen der (an einem Ort dargebrachten) Balispenden. Wie die Klöße beim Vṛddhiśrāddha soll er in aufsteigender Folge für die Erde, für Vāyu, für die Allgötter und für Prajāpati (im ganzen) vier Balispenden hinsetzen, links von diesen soll er für die Gewässer, für die Pflanzen und Bäume, für den Luftraum und für Kāma je eine (Balispende hinsetzen); links von diesen auch für Manyu, Indra, Vāsuki und Brahman; links von diesen für das Rakṣasvolk; rechts von allen übrigen (Balispenden soll er eine Balispende) für die Manen (hinsetzen). Das sind die vierzehn obligatorischen (Balispenden). Die

Āśasyaspenden u. s. w. sind solche, die zur Erfüllung eines speziellen Wunsches hingesetzt werden können. Eine Besprengung sämtlicher (Balispenden) mit Wasser von beiden Seiten (ist vorzunehmen). Und wie bei den Klöfsen, soll es mit der schliefslichen Behandlung der Balispenden gehalten werden.

na syātāṃ kāmyasāmānye juhotibalikarmaṇī |
pūrvaṃ nityaviśeṣoktaṃ juhotibalikarmaṇoḥ || 6. |

Die Feueropferhandlung und die Balihandlung sollen nicht gemeinsam mit den entsprechenden Wunschopfern vollzogen werden. Es soll zuerst der Teil der Feueropferhandlung oder der Balihandlung vollzogen werden, dem die Bezeichnung „obligatorisch" beigelegt wird.

L. 7 nityaviśeṣokto *M* nā syātāṃ.

kāmam ante bhaveyātāṃ na tu madhye kadācana |
naikasmin karmaṇi tato karmānyat tāyate yataḥ | 7. |

Sie (d. h. die Wunschopfer) können beliebig nach Schlufs (des obligatorischen Opfers) stattfinden, aber nie in der Mitte; denn, während ein Opfer vor sich geht, wird nie ein anderes vollzogen.

LA kāmante bhavaneyātāṃ *CA* kāmante bhaveyātāṃ.

agnyādir Gautamādyukto homaḥ śākala eva ca |
anāhitāgner apy eṣa yujyate balibhiḥ saha | 8. ||

Die Feuerspende an Agni u. s. w., welche von Gautama u. s. w. gelehrt wird, und das Śākalaopfer soll auch derjenige, welcher das Hausfeuer nicht angelegt hat, nebst den Balispenden darbringen.

M śākalya eva ca.

apṛṣṭvāpo vīkṣamāṇo 'gniṃ kṛtāñjalipuṭas tataḥ |
vāmadevyajapāt pūrvaṃ prārthayed draviṇodasaṃ | 9. ||

Nachdem er Wasser berührt hat, soll er ins Feuer blickend vor der Hersagung des Vāmadevyaliedes mit hohl zusammengelegten Händen zu dem Gabenspender (Agni) beten.

BC, *LT*, *LB*, *M* vikṣyamāṇo *LA*, *CA* dravinodayam (dent. n) *BA* draviṇodayam (cerebr. n).

ārogyaṃ āyur aiśvaryaṃ dhīdhṛtiṃ śaṃ balaṃ yaśaḥ ||

ojo varcaḥ paśūn vīryaṃ brahma brāhmaṇyam eva ca || 10. ||

Gesundheit, langes Leben, Herrschaft, Beständigkeit des Geistes, Heil, Macht. Ruhm, Kraft, Stärke, Vieh, Heldenmut, heilige Weisheit und Brahmanenrang.

LB āyum oder āyam? statt āyur *BC*, *LT*, *BT*, *LB*, Ausgg. dhīrdhṛtiḥ *LC* dhīrdhṛtiṃ (?) *M* dhīdhṛtiḥ Ausgg. brahmaṇyam.

saubhāgyaṃ karmasiddhiṃ ca kulajyaiṣṭhyaṃ sukartṛtām ||

sarvam etat sarvasākṣin draviṇoda rirīhi naḥ || 11. ||

Wohlfahrt, Erfolg, eine hervorragende Stellung in der Gemeinde, leichtes Gelingen der Arbeit — alles das gieb uns o allsehender Gabenspender.

BC sukartatāṃ *LT* sukartritāṃ (cons. r) und sarvasākṣyam *LC* sarvasākṣīn *M*, *LB* sarvasākṣaṃ *BC* sarvasākṣi? Hier lesen die Ausgg. auch draviṇoda (cerebr. ṇ) vgl. Vers 9.

na brahmayajñād adhiko 'sti yajño na tatpradānāt param asti dānam |

sarve 'ntavantaḥ kratavaḥ sadānā nānto dṛṣṭaḥ kaiścid asya dvikasya || 12. ||

Es giebt kein Opfer, welches das Brahmanopfer übertrifft, und keine Gabe, die das Mitteilen desselben (d. h. des Brahman) übertrifft. Sämtliche Opfer nebst den Gaben sind begrenzt (was ihre günstige Wirkung anbetrifft). Von niemandem wird eine Grenze für diese (aus dem Brahmayajña und dem Brahmapradāna bestehende) Zweiheit gelehrt.

Ausgg. sarve tadantāḥ *BC* brahmayajñādhiko *LC* dvijendraiḥ statt dvikasya *M* statt dvikasya — dvijasya.

ṛcaḥ paṭhan madhupayaḥkulyābhis tarpayet surān |

ghṛtāmṛtaughakulyābhir yajūṃṣy api paṭhaṃt sadā || 13. ||

Indem er Rigvedaverse aufsagt, erfreut er die Götter durch Ströme von Honig und Milch. Indem er Yajussprüche aufsagt, erfreut er die Götter stets durch Ströme, deren Flut aus Butter und Ambrosia besteht.

M ghṛtāmṛtaukulyabhir *LC*?

sāmāny api paṭhant somaghṛtakulyābhir anvaham |
medaḥkulyābhir api ca atharvāṅgirasaḥ paṭhan | 14. |

Indem er täglich Sāmans recitiert, erfreut er die Götter mit Strömen von Soma und Butter und, indem er die Atharvans und Angiras recitiert, erfreut er die Götter mit Strömen von Fett.

LB sāmānapi.

māṃsakṣīraudanamadhukulyābhis tarpayet paṭhan ||
vākovākyaṃ purāṇāni itihāsāni cānvaham | 15. |

Indem er das Vākovākya, die Purāṇas und die Itihāsas täglich recitiert, erfreut er die Götter mit Strömen von Fleisch, Milch, Reisbrei und Honig.

M °kṣīrodana° *BC* purāṇaṃ ca *LB* vākovākyaṃ purāṇanītihāsau nityam anvahaṃ.

ṛgādīnām anyatamaṃ eteṣāṃ śaktito 'nvahaṃ |
paṭhan madhvājyakulyābhiḥ pitṝn api ca tarpayet | 16. |

Er erfreut auch die Manen mit Strömen von Honig und Butter, indem er täglich so viel wie möglich aus einem dieser Ṛgveda u. s. w. genannten Werke recitiert.

LC anyatama eteṣām *M* udarpayet statt ca tarpayet.

te tṛptās tarpayanty enaṃ jīvantaṃ pretaṃ eva ca |
kāmacārī ca bhavati sarveṣu surasadmasu | 17. |

Wenn die (Götter und Manen von ihm) erfreut worden sind, so erfreuen sie ihn, so lange er lebt, und nachdem er gestorben ist; er hat nach Belieben Zutritt zu allen Götterwohnstätten.

LB pretamocakā statt pretam eva ca *M* kāmacārisu statt kamacārī ca.

gurv apy eno na taṃ spṛśet paṅktiṃ caiva punāti saḥ ||
yaṃ yaṃ kratuṃ ca paṭhati phalabhāk tasya tasya ca | 18. |

Selbst eine schwere Sünde bleibt nicht an ihm hängen, auch seine Sippe reinigt er und welches Opfer auch immer er recitiert, dessen Frucht wird ihm zu teil.

LC gurvaṃpy eno na taṃ spṛśati paṃktyaṃ caiva punāti saḥ *BC* gurv apy eno na taṃ spṛśati paṃktiṃ caiva punāti saḥ *BT* saṃspṛśet für taṃ spṛśet *M* taṃ sparśet *BC* phalabhok *LB* 18a fehlt *LA*, *CA* jurvv apy eno.

2*

vasupūrṇāvasumatītrirdānaphalam āpnuyāt ‖
brahmayajñād api brahmadānam evātiricyate ‖ 19. ‖

(Derjenige, welcher das Brahmanopfer regelmäſsig vollzieht,) erwirbt sich ein Verdienst, das dem des dreimaligen Schenkens der mit Schätzen angefüllten Erde gleichkommt. Nur das Mitteilen des Brahman (d. h. des heiligen Wissens) übertrifft noch das Brahmanopfer.

‖ iti karmapradīpe dvitīyaprapāṭhakasya caturthī kaṇḍikā ‖

V.

brahmaṇe dakṣiṇā deyā yatra yā parikīrtitā ‖
karmānte 'nucyamānāpi pūrṇapātrādikā bhavet ‖ 1. ‖

Dem Brahman ist der Opferlohn zu geben, wie er in jedem Falle vorgeschrieben ist. Auch wenn keiner genannt wird, soll nach Schluſs der heiligen Handlung der Opferlohn in Gestalt eines Vollmaſses u. s. w. sein (d. h. gespendet werden).

Ausgg. brahmaṇo *LT*, *BC* nūcyamānā *LB* mucyamānā *M* nocyamānā *LC*?

yāvatā bahubhoktus tu tṛptiḥ pūrṇena vidyate ‖
nāvarārdhyam ataḥ kuryāt pūrṇapātram iti sthitiḥ ‖ 2. ‖

Das Vollmaſs soll er nicht kleiner machen als ein Gefäſs, durch welches, wenn es mit Speise angefüllt ist, die Sättigung eines starken Essers erzielt wird. Das ist Vorschrift.

LB vṛddhabhoktuḥ

vidadhyād dhautram anyaś ced dakṣiṇārdhaharo bhavet ‖
svayaṃ ced ubhayaṃ kuryād anyasmai pratipādayet ‖ 3. ‖

Wenn ein anderer (als der Yajamāna) das Amt des Hotṛ versieht, so soll er den halben Opferlohn erhalten. Wenn er (der

Yajamāna) selbst beides (d. h. sowohl die Obliegenheiten des Hotṛ wie die des Brahman) ausführt, so soll er einem anderen (Brahmanen) den ganzen Opferlohn geben.

BC, *LB* hotram *LT* pratipālayet.

kulartvijam adhīyānaṃ saṃnikṛṣṭaṃ tathā gurum |
nātikrāmet sadā ditsan ya icched ātmano hitam | 4. |

Derjenige, welcher sein eigenes Heil wünscht, soll, wenn er (ein Opferamt) vergeben will, niemals seinen Familienpriester, sofern dieser (fleifsig) studiert, übergehen, ebensowenig den Lehrer, wenn dieser in der Nähe ist.

M statt sadā ditsan ya — sena.

aham asmai dadāmīti evam ābhāṣya dīyate |
naitāv apṛṣṭvā dadataḥ pātro 'pi phalam asti hi | 5. |

Ich übertrage dem N. N. (das Priesteramt); nachdem er also (zu den vorerwähnten) gesprochen hat, wird (das Priesteramt einem anderen) übertragen. Der Gebende hat kein Verdienst selbst von einem Gefäfs (voll Opferlohn), wenn er diese beiden nicht befragt hat.

LT, *BT* naitāvat apṛṣṭvā.

dūrasthābhyām api tv ābhyāṃ pradāya manasā varam |
itarebhyas tato dadyād eṣa dānavidhiḥ paraḥ || 6. |

Aber auch wenn diese beiden in der Ferne sind, so soll er (erst), nachdem er ihnen in Gedanken ein Geschenk dargebracht hat, den anderen geben — das ist die vorzüglichste Regel für das Geben.

LT apitṛbhyām *LB* und Ausgg. dvābhyām *M* und Ausgg. deyād *LC*, *LB* amṛtaḥ statt paraḥ.

saṃnikṛṣṭam adhīyānaṃ brāhmaṇaṃ yo vyatikramet |
yad dadāti tam ullaṅghya tatsteyena sa yujyate. | 7. |

Derjenige, welcher einen in der Nähe befindlichen und (fleifsig) studierenden Brahmanen übergeht, macht sich des Diebstahls an dem (Gut) schuldig, das er (einem anderen) ihn (den fleifsigen) übergehend giebt.

LB tasya steyena yujyate Ausgg. tatastoyena yujyate.

yasya tv eko gṛho mūrkho dūrasthaś ca guṇānvitaḥ |
guṇānvitāya dātavyaṃ nāsti mūrkhe vyatikramaḥ || 8. ||

Wenn es sich bei der Wahl eines Priesters um einen Dummen, der sich im Hause des Yajamāna aufhält, und um einen Fähigen, der in weiter Ferne ist, handelt, so soll dem Fähigen (das Amt) übertragen werden; denn wo es sich um einen Dummen handelt, findet keine (strafbare) Übergehung statt.

BT yasya cāsti gṛhe *LT*, Ausgg. eka statt eko *LC* guṇādhikaḥ.

brāhmaṇātikramo nāsti vipre vedavivarjite |
jvalantam agnim utsṛjya na hi bhasmani hūyate || 9. ||

Das Vergehen der Übergehung eines Brahmanen wird nicht begangen, wenn es sich um einen Priester handelt, dem die Kenntnis des Veda fehlt; denn das flammende Feuer verschmähend opfert man nicht in die Asche.

LB, *LC* vipra Ausgg. abhikramo.

ājyasthālī ca kartavyā taijasadravyasaṃbhavā |
mahīmayī vā kartavyā sarvāsv ājyāhutīṣu ca || 10. ||

Der Schmalztopf ist aus Metall oder aus Thon anzufertigen, und (es gilt dieses) für alle Schmalzspenden.

LT prakartavyā statt ca kartavyā.

ājyasthālyāḥ pramāṇaṃ tu yathākāmaṃ tu kārayet |
sudṛḍhām avraṇāṃ bhadrām ājyasthālīṃ pracakṣate || 11. ||

Die Gröfse des Schmalztopfes aber soll man dem eigenen Ermessen nach bestimmen. Man schreibt einen Schmalztopf vor, der fest, ohne Risse und wohlgeformt ist.

LT pramāṇaṃ ca *LB* yathācyāmantu.

tiryagūrdhvaṃ saminmātrā dṛḍhā nātibṛhanmukhī ‖
mṛnmayy audumbarī vāpi carusthālī praśasyate ‖ 12. ‖

Eine Holzscheitlänge hoch und breit, fest, mit einer nicht allzu grofsen Öffnung versehen, aus Thon oder Udumbaraholz verfertigt — (so) wird der Opferbreitopf empfohlen.

LA mṛnmayau° *LC* pracakṣate statt praśasyate.

svaśākhoktavidhisvinno hy adagdho 'kaṭhinaḥ śubhaḥ ‖
na cātiśithilaḥ pāceyo nātivītarasaś caruḥ ‖ 13. ‖

Es soll ein Opferbrei gekocht werden, der nach den Regeln der betreffenden Schule zubereitet, nicht angebrannt ist, keine Klumpen aufweist, sauber, nicht zu wässerig und nicht zu trocken ist.

LT svaśākhoktaś ca mutasvinno — na caruś cārasas tathā *BT*, *M*, *LB* svaśākhoktaś ca susvinno — na caruś cārasas tathā Ausgg. svaśākhoktaḥ prasusvinno — na caruś cārasas tathā *CA*, *BA* aufserdem śithilaḥ *LA* prācyo.

idhmajātīyam idhmārdhapramāṇaṃ mekṣaṇaṃ bhavet ‖
vṛttaṃ cāṅguṣṭhapṛthvagram avadānakriyākṣamam ‖ 14. ‖

Von der Beschaffenheit eines Idhma, halb so lang wie ein Idhma soll das Mekṣaṇastäbchen sein, rund, mit einer Spitze, die einen Aṅguṣṭha breit ist und zum Abteilen des Opferbreies geeignet.

eṣaiva darvī yas tatra viśeṣas tam ahaṃ bruve ‖
darvī dvyaṅguṣṭhapṛthvagrā turīyonaṃ ca mekṣaṇam ‖ 15. ‖

Ebenso soll auch das Darvīstäbchen sein. Die besonderen Vorschriften, welche in Bezug auf dieses bestehen, gebe ich im Folgenden an. Das Darvīstäbchen soll eine zwei Aṅguṣṭha breite Spitze haben und ein Mekṣaṇastäbchen sein, das um ein Viertel (seiner Länge) verkürzt ist.

Ausgg. dvyaṅgula° *CA*, *LA* turīyonnatamekṣaṇam *BA*, *M* turīyonaṃ tu *LB*?

musalolūkhale vārkṣe avāyate sudṛḍhe tathā ǀ
icchāpramāṇe bhavataḥ śūrpaṃ vaiṇavam eva ca ǀ 16. ǀ

Der Stöfsel und der Mörser sind aus Holz verfertigt, recht lang, recht solid und von beliebiger (d. h. nicht genau bestimmter) Gröfse. Der Śūrpakorb ist aus Rohr geflochten.

Ausgg. muṣalo° *LC* muśalo° *LB* sūrpaṃ.

dakṣiṇaṃ vāmato bāhyam ātmābhimukham eva ca ǀ
karaṃ karasya kurvīta karaṇe nyañcakarmaṇaḥ ǀ 17. ǀ

Bei der Ausführung der Handbeugungshandlung soll er die rechte Hand über die linke hinlegen und sich selbst zukehren.

kṛtvāgnyabhimukhau pāṇī svasthānasthau susaṃyatau ǁ
pradakṣiṇaṃ tathāsīnaḥ kuryāt parisamūhanam ǀ 18. ǁ

Die Hände auf das Feuer hin richtend, sie in normaler Lage haltend und (ihre Bewegungen) wohl beherrschend, so soll er sitzend und die rechte Seite dem Feuer zukehrend das Zusammenkehren vornehmen.

LC, *BT* susaṃyutau *BC* tu saṃyatau.

bāhumātrāḥ paridhaya ṛjavaḥ satvaco 'vraṇāḥ ǀ
trayo bhavanty aśīrṇāgrā ekeṣāṃ tu caturdiśam ǀ 19. ǀ

Die Umlegehölzer sollen so lang wie der Arm des (Yajamāna), gerade, mit Rinde versehen, nicht (durch Wurmstiche u. s. w.) verletzt, drei an Zahl und nicht ohne Spitze sein. Nach einigen Lehrern soll nach den vier Himmelsrichtungen je ein Umlegeholz vorhanden sein.

Ausgg. bhavanti śīrṇāgrā *LB*?

prāgagrāv abhitaḥ paścād udagagram athāparam ǁ
nyaset paridhim anyaś ced udagagraḥ sa pūrvataḥ ǀ 20. ǀ

Zu beiden Seiten (d. h. nördlich und südlich vom Feuer) lege er zwei Umlegehölzer mit den Spitzen nach Osten und darauf das folgende westlich (vom Feuer) mit der Spitze nach Norden hin. Wenn ein anderer (d. h. ein Yajamāna, der einer fremden Schule angehört, noch ein viertes) Umlegeholz hinsetzt, so soll dieses mit der Spitze nach Norden östlich vom Feuer (seinen Platz finden).

LA, *CA* athavāparam und anyañ ced *LB* prāgāgrād *LT* udagram *LC* nyased parimanyasedudag° *DA* anyañ ced.

yathoktavastvasampattau grāhyaṃ tadanukāri yat ‖
yavānām iva godhūmā vrīhīṇām iva śālayaḥ ‖ 21. ‖

Wenn der vorgeschriebene Opferstoff nicht vorhanden ist, soll etwas genommen werden, was (dem Vorgeschriebenen) ähnelt, wie z. B. an Stelle von Gerste Weizen und wie anstatt Vrīhireis Śālireis.

LT vrīhiṇām iva śākalam (das „kalam“ kann als ausgestrichen angesehen werden, denn über den entsprechenden Buchstaben befinden sich Punkte) *LC* vāstusampattau und anukāri *M* vastūsampattau.

‖ iti karmapradīpe dvitīyaprapāṭhakasya pañcamī kaṇḍikā ‖

VI.

piṇḍānvāhāryakaṃ śrāddhaṃ kṣīṇe rājani śasyate ‖
vāsarasya tṛtīyo 'ṃśe nātisaṃdhyāsamīpataḥ ‖ 1. ‖

Ausgg. tṛtīyāṃśe.

yadā caturdaśī yāmaṃ turīyam anupūrayet ‖
amāvāsyā kṣīyamāṇā tadaiva śrāddham iṣyate ‖ 2. ‖

LC schiebt nach yadā ein tu ein *LT* yadi statt yadā.

yad uktaṃ yad ahas tv eva darśanaṃ naiti candramāḥ ‖
anayāpekṣayā jñeyaṃ kṣīṇe rājani cety api ‖ 3. ‖

M nūnaṃ statt jñeyaṃ.

yac coktaṃ dṛśyamāne 'pi tac caturdaśyapekṣayā |
amāvāsyāṃ pratīkṣed vā tadante vāpi nirvapet | 4. ||

BC yatboktaṃ statt yac coktam Ausgg. pratīkṣeta statt pratīkṣed vā.

aṣṭame 'ṃśe caturdaśyāḥ kṣīṇo bhavati candramāḥ |
amāvāsyāṣṭame 'ṃśe ca punaḥ kila bhaved aṇuḥ | 5. ||

LB amāsyāṣṭamāṃśe Ausgg. amāvāsyāṣṭamāṃśe.

āgrahāyaṇyamāvāsyā tathā jyeṣṭhasya yā bhavet |
viśeṣaṃ asyām bruvate candracāravido janāḥ | 6. |

BC yathā und viśeṣam asya *BT* yathā *LB* tathā jyeṣṭhe ca yā bhavet und viśeṣam asyāṃ Ausgg. tathā jyaiṣṭhasya und viśeṣam ābhyām.

atrendur ādye prahare 'vatiṣṭhec caturthabhāgonakalāvaśiṣṭaḥ |
tadanta eva kṣayam eti kṛtsna evaṃ jyotiścakravido vadanti | 7. |

Ausgg. 'vatiṣṭhate und kṛtsnam.

yasminn abde dvādaśaikaś ca yavyas tasmiṃs tṛtīyāpare dṛśyo niyato 'pajāyate |
evaṃ cāraṃ candramaso viditvā kṣīṇe tasminn aparāhṇe ca dadyāt | 8. ||

LC tasmin kṣīṇe cāparāhṇe ca dadyāt *M* tṛtīye paridṛśyanopajāyate Ausgg. tṛtīyayā paridṛśyo nopajāyate *LB* yas statt yavyas.

saṃmiśrā yā caturdaśyā amāvāsyā bhavet kvacit |
kharvitāṃ tāṃ viduḥ kecid gatādhvām iti cāpare | 9. |

LT kvacid bhavet und gatādhām iti cāparaṃ *BT* kharvikāṃ *M* der Halbvers lautet: saṃmiśrā yo caturdaśyā amāvāsyādyucid bhavet ferner: svarvitāṃ.

vardhamānām amāvāsyāṃ labhec ced aparo 'hani |
yāmāṃs trīn adhikān vāpi pitṛyajñas tato bhavet | 10. |

pakṣādāv eva kurvīta sadā pākṣādikaṃ carum |
pūrvāhṇa eva kurvanti viddhe 'py anye manīṣiṇaḥ | 11. |

BC pākṣādikaṃ und kurvīta statt kurvanti.

| iti karmapradīpe dvitīyaprapāṭhakasya ṣaṣṭhī kaṇḍikā |

VII.

sapituḥ pitṛkṛtyeṣu adhikāro na vidyate |

na jīvantaṃ atikramya kiṃcid dadyād iti śrutiḥ || 1. |

Nach dem Śrutigebot „Man soll nicht mit Übergehung eines lebenden (Vorfahren den früheren) etwas spenden“, ist derjenige, dessen Vater am Leben ist, zur Vornahme der Manenceremonieen nicht berechtigt.

CA, *LA* svapituḥ Ausgg. hy adhikāro *LC* śrateḥ *LT* śruto *LB*?

pitāmahe dhriyati ca pituḥ pretasya nirvapet |

pitus tasya ca vṛttasya jīvec cet prapitāmahaḥ | 2. |

Er soll nur dem verstorbenen Vater spenden, solange der Grofsvater lebt, (ferner nur dem Vater) und dem verstorbenen Grofsvater (wörtlich: „Vater dieses“ — nämlich des verstorbenen Vaters), solange der Urgrofsvater lebt.

Statt dhriyati ca: *BT* dhriyate vā *BC* dhriyamāṇo *LB* vidyamāne *M* dhriyate ca.

pituḥ pituḥ pituś caiva tasyāpi pitur eva ca |

kuryāt piṇḍatrayaṃ yasya saṃsthitaḥ prapitāmahaḥ | 3. ||

Seinem Vater, dem Vater des Vaters und dem Vater dieses letzteren soll derjenige drei Klöfse (jedem einen) darbringen, dessen Urgrofsvater gestorben ist.

LT yasmāt saṃsthitaḥprapitāmahaḥ *LB* saṃmṛtaḥ statt saṃsthitaḥ.

jīvantam ati dadyād vā pretāyānnodake dvijaḥ |

pituḥ pitṛbhyo vā dadyāt sapiteṭy aparā śrutiḥ | 4. |

Oder er soll auch mit Übergehung eines lebenden Ahnen einem Verstorbenen Speise und Wasser geben; denn eine andere Śrutivorschrift lautet: „Der, dessen Vater lebt, kann auch den Vätern des Vaters spenden.“

Der ganze Vers fehlt in *LB*. — *LT* jīvaṃtamitidadhyād *BC*, *M* jīvaṃtam api *LA*, *CA* svapitety *M* in 4b deyāt.

pitāmahaḥ pituḥ paścāt pañcatvaṃ yadi gacchati ‖
pautreṇaikādaśāhādi kartavyaṃ śrāddhaṣoḍaśam ‖ 5. ‖

Wenn der Grofsvater nach dem Vater stirbt, so sind die sechzehn Śrāddhafeiern, das Ekādaśa u. s. w. (für den Grofsvater) vom Enkel zu vollziehen.

naitat pautreṇa kartavyaṃ putravāṃś cet pitāmahaḥ ‖
pituḥ sapiṇḍatāṃ kṛtvā kuryān māsānumāsikam ‖ 6. ‖

Wenn der Grofsvater noch Söhne hat, so soll der Enkel dieses nicht thun. Wenn er den Vater zu einem Sapiṇḍa gemacht hat, soll er das allmonatliche Śrāddha feiern.

LT paituḥ Ausgg. sapiṇḍanam.

asaṃskṛtau na saṃskāryau pūrvau pautraprapautrakaiḥ ‖
pitaraṃ tatra saṃskuryād iti Kātyāyano 'bravīt ‖ 7. ‖

Wenn die beiden vorhergehenden Ahnen (d. h. der Grofsvater und der Urgrofsvater) nicht ordnungsmäfsig behandelt worden sind, so soll dieses nicht von den Enkeln und Urenkeln (noch nachträglich) mit ihnen gethan werden, (sondern) er (der Yajamāna) soll den Vater (ohne weiteres) in sie (d. h. in ihre Gemeinschaft) einreihen: das lehrt Kātyāyana.

LB asaṃskṛto na saṃskāryo vṛddhaḥ pautraprapautrakaiḥ *M* pitaras tasya saṃskuryād.

pāpiṣṭham api śuddhena śuddhaṃ pāpakṛtā tathā ‖
pitāmahena pitaraṃ saṃskuryād iti niścayaḥ ‖ 8. ‖

Er soll seinen Vater, auch wenn dieser ein Bösewicht war, mit seinem makellosen Grofsvater (beim Sapiṇḍīkaraṇa) vereinigen und ebenso seinen makellosen Vater mit seinem verbrecherischen Grofsvater — das ist eine feststehende Regel.

LA, *CA* pāpiṣṭham api Ausgg. pāpikṛtāpi vā *LB*, *M* pāpakṛtāpi vā.

brāhmaṇādihate tāte patite saṅgavarjite ‖
vyutkramāc ca mṛte deyaṃ yebhya eva dadāty asau ‖ 9. ‖

Wenn der Vater von einem Brahmanen u. s. w. getötet worden ist, wenn er ein Ausgestofsener ist, wenn er die Beziehungen (zu seinen Verwandten) aufgegeben hat, oder wenn er infolge einer Verirrung gestorben ist, so soll er (der Sohn) (beim Śrāddha u. s. w.) denjenigen spenden, welchen sonst dieser (d. h. der Vater) spendet.

Statt yebhya eva dadāty asau: *LT* Vasiṣṭhena yatheritam *M* yebhyo deva dadāty asau. In *LT* fehlen die folgenden Verse bis VIII, 6.

mātuḥ sapiṇḍīkaraṇaṃ pitāmahyā sahoditam |

yathoktenaiva kalpena putrikāyā na cet sutaḥ || 10. ||

Es wird gelehrt, daſs das Sapiṇḍīkaraṇa der Mutter mit der Groſsmutter väterlicherseits, (und zwar) nach den dargelegten Regeln, stattfinden soll, vorausgesetzt, daſs er (der Yajamāna) nicht der Sohn einer Putrikā ist.

Statt kalpena *LC* kālena.

na yoṣidbhyaḥ pṛthag dadyād avasānadinād ṛte |

svabhartṛpiṇḍamātrābhyas tṛptir āsāṃ yataḥ smṛtā | 11. |

Er soll den Frauen nicht besonders (d. h. eigene Klöſse) darbringen auſser am Todestage (einer Frau); denn es wird gelehrt, daſs ihre Erfreuung schon durch die Klöſse der Gatten erfolgt.

LB, *BT* statt mātrābhyas — mātrāc ca. *M* hat an Stelle von Vers 11 folgendes: na yoṣidbhyaḥ pṛthak dadyād aputrā yā akvacit na putrasya pitā caiva nānujasya tathāgrajaḥ | 92. | na yoṣayoḥ pati dadyād avasānādinadate svabhartṛpiṇḍamātrāc ca tṛptir āsāṃ yataḥ smṛtāḥ | 93. |

mātuḥ prathamataḥ piṇḍaṃ nirvapet putrikāsutaḥ |

dvitīyaṃ tu pitus tasyās tṛtīyaṃ tu pituḥ pituḥ | 12. |

Der Sohn einer Putrikā soll zuerst seiner Mutter einen Kloſs weihen, den zweiten ihrem Vater und den dritten dem Vater des (d. h. ihres) Vaters.

M piṇḍe statt piṇḍam.

| iti karmapradīpe dvitīyaprapāṭhakasya saptamī kaṇḍikā |

VIII.

purato yātmanaḥ karṣūḥ sā pūrvā parikīrtyate |
madhyamā dakṣiṇenāsyās taddakṣiṇata uttamā || 1. ||

Die Grube, welche zunächst vor ihm liegt, wird die „erste" genannt, die „mittlere" diejenige, welche südlich von dieser liegt, und die „letzte" diejenige, welche südlich von dieser (d. h. der mittleren) liegt.

LA, *CA* karyyūḥ *M* karpūḥ statt karṣūḥ *LB* parikīrtitā.

vāyvagnidiṅmukhāntās tāḥ kāryāḥ sārdhāṅgulāntarāḥ |
tīkṣṇāntā yavamadhyāś ca madhyaṃ nāva ivotkiret || 2. ||

Die Gruben sind so anzulegen, daſs ihre Spitzen nach Nordwesten und Südosten gerichtet sind, daſs der Abstand der Gruben von einander anderthalb Aṅgulas beträgt, daſs sie spitze Enden und eine Mitte nach Art der der Gerstenkörner haben; das Innere soll er wie das eines Schiffes aushöhlen.

M kṣīṇāntā *LB* yāvamadhyaś ca.

śaṅkuśca khādiraḥ kāryo rajatena vibhūṣitaḥ |
śaṅkuś caivopaveṣaś ca dvādaśāṅgula iṣyate || 3. ||

Der Pflock ist aus Khadiraholz anzufertigen und mit Silber zu verzieren. Der Pflock und auch der Schürhaken soll 12 Aṅgulas lang sein.

M in 3b śaṅkhuś.

agnyāśāgraiḥ kuśaiḥ kāryaṃ karṣūṇāṃ staraṇaṃ ghanaiḥ |
dakṣiṇāntāṃ tudagrais tu pitṛyajñe paristaret || 4. ||

Das Bestreuen der Gruben ist mit (einer) dichten (Reihe von) Kuśagräsern zu vollziehen, deren Spitzen nach Südosten gerichtet sind. Beim (Klöſse-)Väteropfer aber soll er die (eine) nach Süden gerichtete (Grube) mit Kuśagräsern bestreuen, deren Spitzen nach eben dieser (Himmelsgegend) gerichtet sind.

sthagaraṃ surabhi jñeyaṃ candanādivilepanam |

sauvīrāñjanam apy uktaṃ piñjūlīnāṃ yad añjanam || 5. ||

Unter sthagaraṃ sind Sandel- und andere wohlriechende Salben zu verstehen und unter der für die Büschel vorgeschriebenen Salbe Schwefelantimon.

BC, *LB*, *BT*, Ausgg. ity uktaṃ *LB*, Ausgg. piñjalīnāṃ.

svastare sarvam āsādya yathā yad upayujyate |

daivapūrvaṃ tataḥ śrāddham atvaraḥ śucir ārabhet || 6. ||

Nachdem er jedes einzelne Ding, wie es sich gehört, auf seine Streu gesetzt hat, soll er ohne Hast, rein, das Śrāddha beginnen, welches durch ein Daiva eingeleitet wird.

Ausgg. yathāvad upayujyate devapūrvam. In Bezug auf daiva *LB*?

āsanādyarghaparyantaṃ Vasiṣṭhena yatheritam |

kṛtvā karmātha pātreṣu uktaṃ dadyāt tilodakam || 7. ||

Nachdem er die Handlung, welche mit dem Niedersetzen beginnt und mit der Darreichung des Ehrenwassers schliefst, wie von Vasiṣṭha angegeben, ausgeführt hat, soll er in Krügen das vorgeschriebene Sesamwasser spenden.

Ausgg. *LB* Vasiṣṭhena *M* yathāritam. Der Halbvers a fehlt in *LT*.

tūṣṇīṃ pṛthag apo dattvā mantreṇa tu tilodakam |

gandhodakaṃ ca dātavyaṃ saṃnikarṣakrameṇa tu || 8. ||

Nachdem er schweigend das (einfache) Wasser gesondert gespendet hat, mit einem Spruche aber das Sesamwasser, soll er auch nach einer Reihenfolge, die durch die Entfernung (der Opfergefäfse vom Yajamāna) bedingt wird, wohlriechendes Wasser spenden.

Der Halbvers a fehlt in *LT*. — *BT* dadyān statt dattvā.

āsureṇa tu pātreṇa yas tu dadyāt tilodakam |

pitaras tasya nāśnanti daśa varṣāṇi pañca ca || 9. ||

Derjenige, welcher das Sesamwasser mit einem asurischen Gefäfs darbringt, dessen Väter essen fünfzehn Jahre lang nicht.

kulālacakraniṣpannam āsuraṃ mṛṇmayaṃ smṛtam |

tad eva hastaghaṭitaṃ sthālyādi daivikaṃ bhavet || 10. ||

Es wird überliefert, daſs ein von der Drehscheibe des Töpfers herstammendes Gefäſs aus Thon asurisch ist. Ein solches (thönernes) Gefäſs ist als Kochtopf u. s. w. göttlich (d. h. bei Götteropfern verwendbar), aber nur, wenn es mit der Hand angefertigt ist.

LA, *CA* niṣpannam und mṛṇmayaṃ.

gandhān brāhmaṇasātkṛtvā puṣpāṇy ṛtubhavāni ca |

dhūpaṃ caivānupūrveṇa agnau kuryād anantaram || 11. ||

Nachdem er den Brahmanen nacheinander Wohlgerüche, Blumen der Jahreszeit und Räucherwerk dargebracht hat, soll er im Feuer opfern.

BC, *LT* caivānupūrvyeṇa Ausgg. by agnau *M* statt gandhān — ṭhādhan (sic!).

agnaukaraṇahomaś ca kartavya upavītinā |

prāṅmukhenaiva devebhyo juhotīti śrutiḥ śruteḥ || 12. ||

Nach dem Schriftwort: „Man opfert nur nach Osten blickend den Göttern", ist das Agnaukaraṇa-Opfer mit der heiligen Schnur auf der linken Schulter zu vollziehen.

M daivebhyo.

apasavyena vā kāryo dakṣiṇābhimukhena ca |

nirupya havir anyasmā anyasmai na hi hūyate || 13. ||

Oder er hat das Opfer zu vollziehen, indem er nach Süden blickt und die heilige Schnur auf der rechten Schulter trägt; denn nachdem man die Opferspeise dem einen zugeteilt hat, opfert man nicht (von derselben) dem anderen.

LC dakṣiṇābhimukhasya ca *BC*, *M* nirūpya *LT*, *M*, *LB* statt anyasmā — anyasmād.

svāhākuryān na cātrānte na caiva juhuyād dhaviḥ |

svāhākāreṇa hutvāgnau paścān mantraṃ samāpayet || 14. ||

Am Schluſs (des Spruches) soll er hier weder Svāhā ausrufen noch (erst nach Hersagung des Spruches) Opferspeise opfern, (sondern) nachdem er mit dem Svāhārufe ins Feuer geopfert hat, nachher erst den Spruch beendigen.

pitryo yaḥ paṅktimūrdhanyas tasya pāṇāv anagnimān |
hutvā mantravad anyeṣāṃ tūṣṇīṃ pātreṣu nikṣipet | 15. |

Derjenige, welcher kein Feuer unterhält, soll beim Śrāddha, nachdem er dem Vornehmsten der Gesellschaft (die Opfergabe) mit einem Spruche in die Hand gespendet hat, schweigend den übrigen (Brahmanen die Speise) in die Töpfe schütten.

M statt pitryo yaḥ — pitreṇa, statt anyeṣāṃ — anyaiṣāṃ   Ausgg. nihkṣipet.

noṃkuryād dhomamantrāṇāṃ pṛthag ādiṣu kutracit ||
anyeṣāṃ cāvikṛṣṭānāṃ kāryam ācamanādinā | 16. |

Er soll nirgends bei jedem einzelnen Absatz der Opfersprüche und auch der anderen oṃ sagen. Es ist vielmehr nur (am Anfang) der ungeteilten Sprüche zusammen mit dem Mundspülen u. s. w. oṃ zu sagen.

Der Schluſs des Verses lautet in den Ausgg., *BT* kālenācamanādinā   *BT* naumkuryād   Halbvers b in *M*: anyeṣāṃ cāvikṛṣṭānāṃ kāleṇāṃ kālenācamanādinā   *LB* kāryam wie oben.

savyena pāṇinety evaṃ yad atra samudīritam |
parigrahaṇamātraṃ tat savyasyādiśati vratam | 17. |

Die hier ausgesprochenen Worte „Mit der linken Hand" weisen nur auf die Aufgabe der linken Hand hin, die Darbhabüschel aufzunehmen.

LC statt tat — tu   *LT* statt tat — ca.

piñjūlyādy abhisaṃgṛhya dakṣiṇenetarāt karāt |
anvārabhya ca savyena kuryād ullekhanādikam | 18. |

Nachdem er den Büschel u. s. w. mit der rechten aus der anderen Hand genommen hat und mit der linken Hand (mit) angefaſst hat, führe er das Ziehen der Linie u. s. w. aus.

Ausgg., *LB* piñjalyādy   *M* piñjūlādibh*   *LC* piṃjūlyādi va saṃgṛhya.

yāvadarthaṃ upādāya haviṣo 'rbhakam arbhakam ||
caruṇā saha saṃnīya piṇḍān dātum upakramet || 19. ||

Nachdem er so viel Opferspeise als nötig hergenommen und ein wenig (von einer jeden Art) mit dem Opferbrei vermischt hat, soll er beginnen, die Klöfse darzubringen.

BC haviṣo bhavam arbhakaṃ *M* zwischen saha und saṃnīya findet sich die Silbe syaṃ.

pitur uttarakarṣvaṃśe madhyame madhyamasya tu ||
dakṣiṇe tatpituś caiva piṇḍān parvaṇi nirvapet || 20. ||

Beim Mondwechsel(-Śrāddha) soll er die Klöfse (wie folgt) hinsetzen: für seinen Vater auf den nördlichen Teil der Grube, für den mittleren (d. h. den Grofsvater) auf den mittleren (Teil der Grube) und für dessen Vater (d. h. den Urgrofsvater) auf den südlichen (Teil der Grube).

M hat an Stelle des zweiten Pāda nur madhyamatu.

vāmam āvartanaṃ kecid udagantaṃ pracakṣate ||
sarvaṃ GautamaŚāṇḍilyau Śāṇḍilyāyana eva ca || 21. ||

Einige schreiben eine linksseitige Umwendung nach Norden vor, Gautama, Śāṇḍilya und Śāṇḍilyāyana (aber schreiben) eine ganze (Umwendung vor).

Ausgg., *LB* Gotama *M*, *LB* Śāṇḍilyau fehlt.

āvṛtya prāṇam āyamya pitṝn dhyāyan yathārthataḥ ||
japaṃs tenaiva cāvṛtya tataḥ prāṇaṃ pramocayet || 22. ||

Nachdem er sich den Atem anhaltend und regelrecht an die Väter denkend umgewandt und sich murmelnd ebenso zurückgewandt hat, soll er seiner Atmung freien Lauf lassen.

M tv āvṛtya *LB* āvṛtta statt cāvṛtya.

śākaṃ ca phālgunāṣṭamyāṃ svayaṃ patny api vā pacet ||
yas tu śākādihomaś ca kāryo 'pūpāṣṭakāvṛtā || 23. ||

Er selbst oder seine Gattin soll auch am achten Tage des Monats Phālguna Gemüse kochen. Das Opfer mit Gemüse u.s.w. ist nach Art der Kuchenaṣṭakā zu vollziehen.

BC patny api vācayet *LB* patnyāpavādayet Ausgg. yas tu śākādiko homaḥ kāryo 'pūpāṣṭakāvṛtaḥ *LB* yas tu śākādihomas tu kāryaḥ pūpāṣṭakāvṛtāḥ *LT* yas tu śākādiko homaḥ.

anvaṣṭakyaṃ madhyamāyām iti GobhilaGautamau |

Vārkakhaṇḍiś ca sarvāsu Kautso mene 'ṣṭakāsu ca || 24. |

Gobhila und Gautama sagen, daſs das Anvaṣṭakya nur nach der mittleren Aṣṭakā stattfinde; ebenso Vārkakhaṇḍi. Kautsa aber meint, daſs es nach allen Aṣṭakās (vorzunehmen sei).

Ausgg. ānvaṣṭakyaṃ und Gotamau.

sthālīpākaṃ paśusthāne kuryād yady ānukalpikam ||

śrapayet taṃ savatsāyās taruṇyā goḥ payasya tu || 25. ||

Wenn er an Stelle von Fleisch die eventuell zulässige Topfspeise zubereitet, so soll er sie von der Milch einer jungen Kuh kochen, die ein Kalb hat.

LA yad anukalpitam *CA*, *BA*, *LB* yady anukalpitam *BC* yad anukalpikam *LC* yad vā anukalpikam *LT* yady anukalpikam *M* yady ānukalpitam *LB* prayasya tu *M* payasya ca Ausgg. 'payasya tu.

| iti karmapradīpe dvitīyaprapāṭhakasya aṣṭamī kaṇḍikā |

IX.

sāyamādi prātarantam ekaṃ karma pracakṣate |

darśāntaṃ paurṇamāsādy ekam eva manīṣiṇaḥ || 1. |

Die Weisen nennen eine Handlung, die am Abend beginnt und am Morgen schlieſst und ebenso eine, die bei Neumond beginnt und bei Vollmond schlieſst.

Dieser Vers und die folgenden bis 9, 10 fehlen in *BC* *M* prātaraṃtaram und paurṇamāsādyam eva manīṣiṇaḥ *BA* paurṇamāsādyam sonst wie oben.

ūrdhvaṃ pūrṇāhuter darśaḥ paurṇamāso 'pi vāgrimaḥ |

ya āyāti sa hotavyaḥ sa evādir iti śruteḥ | 2. |

Der erste Neumond oder Vollmond, der auf das Vollopfer folgt, ist mit dem Opfer zu feiern; denn es heifst in der Schrift: „Dieser eben ist der erste".

Dieser Vers findet in *M* seinen Platz hinter dem folgenden. *LD* paurṇamāsaś cāgrimaḥ und yaḥ prayāti *LT* pūrṇamāso Ausgg. iti śrutiḥ.

ūrdhvaṃ pūrṇāhuteḥ kuryāt sāyaṃhomād anantaram ||

vaiśvadevaṃ tu pākānto balikarmasamanvitam || 3. |

Von der Darbringung des Vollopfers an soll er nach dem Abendopfer das Vaiśvadevaopfer nebst der Balihandlung vollziehen, sobald das Kochen beendigt ist.

brāhmaṇān bhojayet paścād abhirūpāṃś ca śaktitaḥ ||

yajamānas tato 'śnīyād iti Kātyāyano 'bravīt | 4. |

Darauf (nach dem Balikarman) soll er je nach Vermögen Brahmanen und (sonstige) geeignete (Personen) speisen. Dann erst soll der Yajamāna selbst essen — so lehrt Kātyāyana.

Ausgg. abhirūpān svaśaktitaḥ *LC*, *LB* abhirūpāś ca śaktitaḥ *LT* virūpāṃś ca svaśaktitaḥ.

vaivāhike 'gnau kurvīta sāyaṃ prātas tv atandritaḥ ||

caturthīkarma kṛtvaitad etac Chāṭyāyaner matam || 5. |

Nachdem er die Handlung des vierten Tages (nach der Hochzeit) vollzogen hat, soll er unablässig abends und morgens im Hochzeitsfeuer opfern — das ist die Ansicht Śāṭyāyanis.

LD „vaivahi" fehlt und caturthakarma *LC* prātas tandritaḥ *M* statt kṛtvaitad eta° — kurvīta tade°.

ūrdhvaṃ pūrṇāhuteḥ prātar hutvā tāṃ sāyamāhutim |

prātarhomas tadaiva syād eṣa evottaro vidhiḥ | 6. |

Nach dem Vollopfer soll er das Abendopfer am Morgen vollziehen, und dann erst soll das Morgenopfer stattfinden — das ist eine Hauptregel.

M, *LB*?, *LT* prātarhomaṃ tataḥ kuryād.

[sāyaṃ homātyaye prātar hutvā tām sāyamāhutim |
prātarhomaṃ tataḥ kuryād eṣa evottaro vidhiḥ ‖ 7. ‖]

[Wenn das Opfer am Abend versäumt worden ist, so soll er am Morgen zuerst das Abendopfer vollziehen und dann erst das Morgenopfer ausführen — das ist eine Hauptregel].

Der Vers fehlt in den Ausgg. und *LC* *LT* prātarhomaṃ tatām kuryād.

paurṇamāsātyaye havyaṃ hotā ca yad ahar bhavet |
tad ahar juhuyād evam amāvāsyātyaye 'pi ca ‖ 8. ‖

Wenn der Vollmondstag versäumt worden ist, so soll er an dem Tage (nachträglich) opfern, an dem Opferspeise und der Hotṛ zur Stelle sind — ebenso auch bei Versäumung des Neumondstages.

Ausgg. *LT*, *BT*, *M* hotā vā *LC* pūrṇamāsā° und āmāvāsyā°. Der Komm. liest ebenso wie *LC* hotā ca *LB*?.

āhūyamāno 'naśnaṃś cen nayet kālaṃ samāhitaḥ |
sampanne tu yathā tatra hūyate tad ihocyate ‖ 9. ‖

Wenn er, solange nicht geopfert wird (d. h. vom legalen Opfertermin bis zur nachträglichen Vollziehung des Opfers) die Zeit fastend und andächtig verbracht hat — wie dann, sobald (Opferspeise u. s. w.) vorhanden ist, geopfert werden soll, das wird hier gelehrt. [Vgl. den folgenden Vers.]

LA āhūyamāno *LC* sampanne tu punas tasmin *LB*?

ahutāḥ parisaṃkhyāya pātre kṛtvāhutīḥ sakṛt |
mantreṇa vidhivad dhutvā evaṃ evāparā api ‖ 10. ‖

(Er soll nämlich die nachträgliche Opferhandlung vollziehen), indem er die nicht dargebrachten (einem Gotte zukommenden) Opferspenden zählt, sie auf einmal in einen Topf thut und mit einem Spruche regelrecht opfert. Gerade ebenso (soll er) auch die (Opferspenden der) übrigen (Götter behandeln).

LA, *CA* āhutāḥ statt ahutāḥ *LT* āhutīḥ statt ahutāḥ *LC* uktvā statt hutvā. Der zweite Halbvers lautet in d. Ausgg. mantreṇa vidhivad dhutvādhikam evāparā api.

yatra vyāhṛtibhir homaḥ prāyaścittārthako bhavet |
catasras tatra vijñeyā strīpāṇigrahaṇe yathā | 11. |

Wo ein Opfer mit Vyāhṛtis zum Zweck der Bufse vollzogen wird, da sind wie bei der Hochzeit vier (Spenden als erforderlich) anzunehmen.

LT atra statt yatra Ausgg. prāyaścittātmako *LC* Ausgg. vijñeyāḥ.

api vājñātam ity eṣā prājāpatyāpi vāhutiḥ ||
hotavyā trivikalpo 'yaṃ prāyaścittavidhiḥ smṛtaḥ | 12. |

Oder es soll mit den Worten „wissentlich“ u. s. w. (dem Agni) eine Spende dargebracht werden oder die dem Prajāpati geweihte Spende. Diese Bufsregel, der man auf drei verschiedene Arten nachkommen kann, wird gelehrt.

BC, *BT* hotavyas *M* tritrikalpo.

yady agnir agninānyena sambhaved āhitaḥ kvacit |
agnaye vivicaya iti juhuyād vā ghṛtāhutim | 13. ||

Wenn das angelegte (Haus-)Feuer sich irgendwo mit einem anderen (heiligen Feuer) vermengt, so soll er mit den Worten „Agni dem Unterscheidenden“ eine Schmalzspende opfern.

BT agnaye vicaya *M* agnaye vidhaya *BA* agnaye vivicaya eti?

agnaye 'psumate caiva juhuyād vaidyutena cet |
agnaye śucaye caiva juhuyāc ced duragninā | 14. |

Dem Agni, der im Wasser ruht, soll er opfern, wenn sich sein Hausfeuer mit Blitzfeuer vermengt hat. Agni dem Reinen soll er opfern, wenn sein Hausfeuer sich mit unreinem Feuer vermengt hat.

M 'psumate und śucaye haben ihre Plätze vertauscht, aufserdem vaidyutena ca *LA* agnena śucaye *LD*?

gṛhadāhāgnināgnis tu yaṣṭavyaḥ kṣāmavān dvijaiḥ |
dāvāgninā ca saṃsarge hṛdayaṃ yadi tapyate | 15. |

Wenn das Herz bei der Vermengung (des Hausfeuers) mit dem Feuer eines Hausbrandes oder dem eines Waldbrandes leidet, so ist von den zweimal geborenen Agni der Sengende mit einem Opfer zu verehren.

M statt gnis tu — yas tu und saṃsargo *LA*. *CA* kṣāṃmavāṃ *BA* ?āṃmavāṃ *LC* dāvāgnināśat *BC* saṃsargo und gnir ayam statt hṛdayam *LB*?

dvirbhūto yadi saṃsṛjyet saṃsṛṣṭam upaśāmayet ‖
asaṃsṛṣṭaṃ jāgarayed Giriśarmaivam uktavān ‖ 16. ‖

Wenn das Hausfeuer sich in zwei Teile spaltet und sich so (mit anderen Feuern) vermengt, soll er das vermengte auslöschen und ein unvermengtes entzünden. So lehrt Giriśarman.

na sve 'gnāv anyahomaḥ syān muktvaikāṃ samidāhutim ‖
svagarbhasatkriyārthāṃś ca yāvan nāsau prajāyate ‖ 17. ‖

Es findet in dem eigenen Hausfeuer (des Yajamāna) kein Opfer für einen anderen statt mit Ausnahme einer Holzscheitspende und (der Opfer) zum Besten des eigenen Kindes, solange es noch nicht geboren ist.

M yāvānvāsau.

agnis tu nāmadheyādau home sarvatra laukikaḥ ‖
na hi pitrā samānītaḥ putrasya bhavati kvacit ‖ 18. ‖

Beim Opfer anläßlich der Namengebung u. s. w. ist stets das weltliche (d. h. das Küchen-)Feuer (zu verwenden); denn das vom Vater (zum Opfern) verwendete (Hausfeuer) ist nie für den Sohn da.

LB agni nāmadheyādau u. s. w.

yasyāgnāv anyahomaḥ syāt sa vaiśvānaradaivatam ‖
caruṃ nirupya juhuyāt prāyaścittaṃ tu tasya tat ‖ 19. ‖

Derjenige, in dessen Hausfeuer ein Opfer für einen anderen stattfindet, soll opfern, indem er einen der Gottheit Agni Vaiśvānara geweihten Opferbrei darbringt — das ist seine Buße.

BC nirūpya *M* tad asya tat.

pareṇāgnau huto svārthaṃ parasyāgnau huto svayam ‖
pitṛyajñātyaye caiva vaiśvadevadvayasya ca ‖ 20. ‖

Wenn ein anderer für sich selbst im Hausfeuer (des Yajamāna) geopfert hat, wenn er selbst (d. h. der Yajamāna selbst für sich) im Feuer eines anderen geopfert hat, bei der Versäumung des Väteropfers oder zweier Vaiśvadevaopfer,

anișțvā navayajñena navānnaprāśane tathā |

bhojane patitānnasya carur vaiśvānaro bhavet | 21. ||

wenn er von den neugeernteten Früchten gegessen hat, ohne vorher das Erstlingsopfer dargebracht zu haben, und wenn er von der Speise eines aus der Kaste Gestofsenen gegessen hat, so soll ein der Gottheit Agni Vaiśvānara geweihter Opferbrei (die Bufse) sein.

BC navānnaprāśanena ca.

svapitṛbhyaḥ pitā dadyāt sutasaṃskārakarmasu |

piṇḍān odvahanāt teṣāṃ tasyābhāve tu tatkramāt | 22. |

Der Vater soll bei den Saṃskāras für die Söhne bis zur Hochzeit derselben seinen eigenen Vätern Klöfse darbringen. Wenn dieser (d. h. der Vater) nicht da ist, (so soll derjenige, welcher an Stelle des Vaters die Saṃskāras vollzieht, Klöfse darbringen und zwar) nach der Ahnenfolge, die jenem (d. h. dem Saṃskārya) zukommt.

LB statt karmasu - karmāṇi.

bhūtapravācane patnī yady asaṃnihitā bhavet |

rajorogādinā tatra kathaṃ kurvanti yājñikāḥ || 23. ||

Wie verfahren die Opferkenner beim Bhūtapravācana, wenn die Gattin infolge von Unreinheit, Krankheit u. s. w. nicht zur Stelle ist?

LC rajodoṣādinā.

mahānase 'nnaṃ yā kuryāt savarṇāṃ tāṃ pravācayet |

praṇavādy api vā kuryāt Kātyāyanavaco yathā | 24. ||

Die Angehörige seiner Kaste, welche (in Vertretung) in der Küche die Speise kocht, soll er melden lassen, (dafs das Essen bereit ist). Oder er soll auch das mit dem Worte oṃ Beginnende ausführen, wie die Vorschrift des Kātyāyana (es lehrt).

LT mahātasenayā.

yajñavāstuni muṣṭyāṃ ca stambe darbhacaṭau tathā |
darbhasaṃkhyā na vihitā viṣṭarāstaraṇeṣu ca || 25. ||

Für die „Handvoll" bei der Bereitung der Opferstätte, für den „Darbhabüschel", für den „Darbhasitz" und für das „Ausbreiten der Streu" ist die Anzahl der Darbhahalme nicht vorgeschrieben.

BT stambhe.

| iti karmapradīpe dvitīyaprapāṭhakasya navamī kaṇḍikā |

X.

nikṣipyāgniṃ svadāreṣu parikalpya ṛtvijaṃ tathā |
pravaset kāryavān vipro mṛṣaiva na ciraṃ kvacit || 1. ||

Wenn ein Brahmane (in der Ferne) zu thun hat, so soll er (erst) verreisen, nachdem er das Feuer der Sorge seiner Frau anvertraut und einen Ṛtvij bestellt hat, ohne einen besonderen Grund (jedoch) niemals auf lange Zeit.

Ausgg. niḥkṣipya und vṛthaiva statt mṛṣaiva *BT*, *LT* parikalpyārtvijam *M* parikalpyātvijam.

manasā naityakaṃ karma pravasann apy atandritaḥ |
upaviśya śuciḥ sarvaṃ yathākālam anudravet || 2. ||

Rein und in sitzender Stellung soll er der (vorgeschriebenen) Zeit entsprechend auch auf der Reise die regelmäfsig vorzunehmenden Handlungen in Gedanken unablässig verfolgen.

patnyā cāpy aviyoginyā śuśrūṣyo 'gnir vinītayā |
saubhāgyavittāvaidhavyakāmayā bhartṛbhaktayā || 3. ||

Die (von Hause) nicht abwesende, wohlerzogene, dem Gatten ergebene Frau, deren Sorge auf das (vom Gatten) Geliebtwerden, den Besitz und das Vereintsein mit dem Gatten gerichtet ist, soll (in Abwesenheit des Mannes) das Feuer verehren.

yā vā syād vīrasūr āsām ājñāsampādinī priyā |

dakṣā priyaṃvadā śubhrā tām atra viniyojayet | 4. |

Oder er soll diejenige unter diesen (d. h. den Frauen) damit beauftragen, welche Mutter eines Sohnes, gehorsam, lieb, gescheit, freundlich im Umgange und schön ist.

LT statt ājñā — ādyā Ausgg. *LT* śuddhā statt śubhrā *LB*?

dinakrameṇa vā karma yathājyaiṣṭhyaṃ svaśaktitaḥ |

vibhajya saha vā kuryur yathājñānam aśāṭhyavat || 5. ||

Oder die Frauen sollen, so gut sie es können, nach bestem Wissen (die Verehrung des Feuers) vornehmen, indem sie (diese) ihrem Range entsprechend ohne Falsch nach Tagen verteilen, oder gemeinschaftlich.

Ausgg. dinatrayeṇa und yathājyaiṣṭhaṃ, ferner yathājñānañ ca śāstravat *LB* dinakrameṇa *LC* vibhajya sahasā kuryāt.

strīṇāṃ saubhāgyato jyaiṣṭhyaṃ vidyayeva dvijanmanām |

na hi svalpena tapasā bhartā tuṣyati yoṣitām | 6. |

Die Rangfolge der Frauen ergiebt sich aus ihrer Beliebtheit beim Manne, wie die der zweimal geborenen Männer aus ihrem Wissen; denn der Gatte begnügt sich nicht mit einer geringen Askese seiner Frauen.

BC, *LC*, *BT*, *LT*, *M* vidyayaiva Ausgg. jyaiṣṭhaṃ vidyayaiva und statt na hi svalpena — na hi khyātyā na u. s. w. *LB*?

bhartur ādeśavartinyā yathomā bahubhir vrataiḥ |

agniś ca toṣito 'mutra sā strī saubhāgyam āpnuyāt | 7. |

Die Frau erlangt dann die Beliebtheit beim Manne, wenn sie wie Umā durch viele Gelübde den Anweisungen des Gatten nachkommend auch das Feuer erfreut.

LT, *LB* yayomā.

śrotriyaṃ subhagāṃ gāṃ ca agnim agnicitaṃ tathā |

prātar utthāya yaḥ paśyed āpadbhyaḥ sa pramucyate | 8. |

Derjenige, welcher am Morgen früh, nachdem er aufgestanden ist, einen Schriftgelehrten, eine vom Gatten geliebte Frau, eine

Kuh, Feuer und einen, der den Feueraltar schichtet, sieht, der wird vor Unglück behütet.

Dieser Vers und ein Teil des folgenden fehlen in *LB*. In den Ausgg. steht dieser Vers an neunter und der folgende an achter Stelle. *M* gāṃ vā sāgnicitiṃ yathā janaḥ Ausgg. agnicitiṃ.

vinayāvanatāpi strī bhartur yā durbhagā bhavet |
amutromāgnibhartṝṇāṃ avajñātiḥ kṛtā tayā ‖ 9. ‖

Wenn eine Frau, obgleich in Demut sich neigend, von ihrem Manne nicht geliebt wird, dann hat sie sich eine Vernachlässigung der Umā, des Feuers und ihres Gatten zu Schulden kommen lassen.

LT amutromāgnibhadreṇām.

pāpiṣṭhaṃ durbhagāṃ antyaṃ nagnaṃ utkṛttanāsikam |
prātar utthāya yaḥ paśyet sa Kaler upayujyate ‖ 10. ‖

Derjenige, welcher am Morgen früh, nachdem er aufgestanden ist, einen Bösewicht, eine vom Gatten nicht geliebte Frau, einen Angehörigen der untersten Kaste, einen Nackten, einen (Mann), dessen Nase abgeschnitten ist, sieht, der verfällt dem Kali.

M sa kāla upayujyate.

patiṃ ullaṅghya mohāt strī kaṃ kaṃ na narakaṃ vrajet ‖
kṛcchrān manuṣyatāṃ prāpya kiṃ kiṃ duḥkhaṃ na paśyati ‖ 11. ‖

Wenn eine Frau aus Verblendung ihren Gatten vernachlässigt hat, so kommt sie in alle Höllen und, kaum wieder Mensch geworden, erlebt sie allerlei Unglück.

Ausgg. kiṃ kiṃ na narakaṃ und vindati statt paśyati *LC* kiṃ kiṃ na narakaṃ *BC* kaṃ kaṃ duḥkhaṃ *M* patir ullaṅghya.

patiśuśrūṣayaiva strī sarvān lokānt samaśnute |
divaḥ punar ihāyātā sukhānāṃ avadhir bhavet ‖ 12. ‖

Durch Gehorsam dem Gatten gegenüber erreicht die Frau alle Himmelswelten und, wenn sie vom Himmel wieder hierher herabgestiegen ist, wird ihr das höchste Maſs von Glück zu teil.

Ausgg. kān na lokān samaśnute und sukhānāṃ ambudhir *M* sarvān lokāṃt samaśnute und sukhānāṃ aṃbudhir *LB* sarvān lokāna samaśnute und sukhūnām avadhir *BC*, *LC* sarvāṃ lokāṃt° *LT* sarvān lokānt° (wie oben) *BT* sarvāl lokāṃt.

sadāro 'nyān punar dārān kathaṃcit kāraṇāntarāt |
ya iched agnimān kartuṃ kva homo 'sya vidhīyate || 13. ||

Wenn ein beweibter Mann, der die heiligen Feuer angelegt hat, aus irgend einem besonderen Grunde noch ein Weib nehmen will, wo (d. h. mit welchem Feuer) soll dann sein Opfer stattfinden?

sve 'gnāv eva bhaved dhomo na laukike kadācana |
na hy āhitāgneḥ svaṃ karma laukike 'gnau vidhīyate || 14. ||

In seinem Feuer soll das Opfer stattfinden, niemals jedoch im Küchenfeuer, denn die eigene Handlung eines, der die heiligen Feuer angelegt hat, darf nie im Küchenfeuer vorgenommen werden.

ṣaḍāhutikam anye tu juhvaty ā dhruvadarśanāt |
na hy ātmano 'rthaṃ syāt tāvad yāvan na parinīyate || 15. ||

Andere bringen das sechsspendige (Sühnopfer) vor dem Zeigen des Polarsternes dar; denn bevor sie (die Braut) herumgeführt worden ist, gilt (das für sie vollzogene Opfer) nicht als für ihn (den Yajamāna) selbst (dargebracht).

Ausgg. ṣaḍāhutikam anyena juhuyād dhruvadarśanāt *M* na hy ātmanārthaṃ syāt tāvan na parinīyate *LB* 'rthaṃ fehlt sonst wie oben.

purastāt trivikalpaṃ yad prāyaścittaṃ udāhṛtam |
tat ṣaḍāhutikaṃ śiṣṭair yajñavidbhiḥ prakīrtitam || 10. ||

Das oben erwähnte Sühnopfer, welches auf drei verschiedene Arten vollzogen werden kann (vgl. Kap. 2, 9, 12) — dieses wird von den gelehrten Opferkennern das „Sechsspendige" genannt.

M trivikalpo *BT* yajñavadbhiḥ *LB* parikīrtitam.

|| iti karmapradīpo dvitīyaprapāṭhakasya daśamī kaṇḍikā ||

| samāptaś cāyaṃ dvitīyaḥ prapāṭhakaḥ |

Anmerkungen.

I.

1. Die Saṃdhyâceremonieen werden im Sandhyâsûtra, welches auf den Seiten 1078 und 1079 der von Tarkâlaṅkâra herausgegebenen Gobhilaschriften abgedruckt ist, ähnlich behandelt wie im folgenden. Vgl. Baudh. 2, 4, 7, 1 ff. Aus den Versen Kmp. 2, 1, 14—15 geht hervor, daſs mit dem Worte „saṃdhyâ" auch eine um die Mittagszeit zu vollziehende Ceremonie bezeichnet wird. Daher habe ich dieses Wort, das sonst mit „Dämmerungsandacht" wiederzugeben wäre, hier und im folgenden meist unübersetzt gelassen.

Nach Baudh. l. c. Vers 2 wird die Saṃdhyâceremonie an einem Badeplatze vorgenommen.

3. Über das Pavitra geben Kmp. 1, 2, 10; Gobh. 1, 7, 21 ff. und Gṛhyasaṃgraha I, 84b genauere Vorschriften.

Im Śatapathabrâhmaṇa (3, 1, 3, 18) findet sich der Satz „pavitraṃ vai darbhâḥ".

4. Komm.: âtmânam upasargâdiśamanâya rakṣayet/.

5. udakadaivatas tṛcaḥ — âpo hi ṣṭhâ mayobhuva (ṚV. 10, 9, 1) ity asau caturthaḥ/.

6. Baudh. 2, 10, 17, 37 werden dieselben sieben Vyâhṛtis aufgezählt, mit dem einzigen Unterschiede, daſs dort (nach der Ausgabe von Hultzsch) suvaḥ statt svaḥ steht. Mit „gâyatrî" ist die Strophe ṚV. 3, 62, 10 gemeint (tat savitur vareṇyam u. s. w.), die auch „Sâvitrî" genannt wird (vgl. Vers 5).

7. Über den Śirasspruch siehe Bühler zur Übersetzung von Vasiṣṭha 21, 6, die Anm. Jollys zu seiner Übersetzung von Viṣṇu 55, 9 und Mitâkṣarâ zu Yâjñ. 1, 23. — Ich habe keine Stelle gefunden, wo der Śirasspruch in extenso angeführt wird; meine Übersetzung stützt sich auf die von Bühler l. c. gegebene des verkürzten Spruches.

8. Jede Vyāhṛti wird als eine Einheit angesehen, und es ergeben sich hiernach sieben Oṃkāras, die vor den einzelnen Vyāhṛtis ausgesprochen werden müssen. Aufserdem ist noch ein Oṃkāra am Anfang der Gāyatrī und je einer am Anfang und am Schlufs des Śirasspruches auszusprechen (siehe Vers 7). Es ergeben sich also zehn Oṃkāras. — Über den Prāṇāyāma vgl. Baudh. 2, 4, 7, 6 ff. und Manu 6, 69 ff.

9. Zu ghrāṇam āsajya vgl. nāsikām avadhāyāyatāsur anāyatāsur vā u. s. w. im Sandhyāsūtra (Tark.s Ausg. der Gobhilaschriften p. 1078, 10). — Der Komm. liest statt āsajya — āyamya und erklärt den ersten Teil des Verses dementsprechend ganz anders. Der Komm. sagt ferner: aghamarṣaṇanāmasūktaṃ japed iti. — Das Aghamarṣaṇa ist das Lied RV. 10, 190, das Aghamarṣaṇa zum Verfasser hat. Im Sandhyāsūtra p. 1078, 11 wird an der entsprechenden Stelle anstatt des Namens „aghamarṣaṇam“ der Anfang des Liedes angeführt.

10. Komm.: pūrvoktena praṇavavyāhṛtitrayasāvitrīlakṣaṇena trikeṇa tad añjalijalaṃ parijapya prohet preraye[d i]ty arthaḥ/.... evam añjaliṃ dattvānantaraṃ tasmād anu ca — ud u tyaṃ jātavedasaṃ (RV. 1, 50, 1) citraṃ devānām udagād anīkam (RV. 1, 115, 1) ity ṛcor dvayena baddhāñjalir (*LC* baddhāṃjalir? *BC* dvyaṃjalir) evādityaṃ praty upatiṣṭhed upasthito bhaved iti/.

11. vibhrāḍādi erklärt der Komm. mit: vibhrāḍ bṛhat pibatv ityādikaṃ ṛksamūham = RV. 10, 170, 1. Hier schien mir die Übersetzung von „saṃdhyā“ mit „Dämmerungszeit“ trotz meinen Ausführungen zu Vers 1 geboten; denn ich glaube, dafs die Bezeichnung saṃdhyā zwar auch für die um Mittag zu vollziehende Ceremonie gebräuchlich geworden ist, trotzdem aber ihren Wert als speziellen Namen der obigen Tageszeiten nicht verloren hat.

14. Vgl. Hem. 3, 2, 694 ff. — „śaktitaḥ“ erklärt der Komm.: śarīrasyāsāmarthyāt tatra sthātuṃ na śaknoti cet tadopaviśyāpi u. s. w. Der Komm. liest āsitodayanārkṣāntyām? Es ist übrigens tiṣṭhed ā udayanāt und āsīta ā udayanāt aufzulösen. Vgl. Śāṅkhāyanagṛhya 2, 9, 1 ff.

II.

2. Über das Tarpaṇa siehe auch Baudh. 2, 5, 8, 14 ff. Der Komm. beweist in einer längeren Ausführung, dafs die Götter

ebenso wie die Manen mit Sesamwasser und nicht etwa mit einfachem Wasser zu „erfreuen“ seien.

3—8. gandharvān itarān u. s. w. erklärt der Komm. mit gandharvāṃś taditarān kiṃnarān ity arthaḥ / māsaṃ saṃvatsaraṃ sāvayavam / atrāvayavagrahaṇād (*BC* fügt hier „udam“ ein) ayanādivibhaktyā vā tarpayed iti /. Dem Komm. hat auch ein zweites „Yamam“ vorgelegen; er erklärt es aber nicht. Vgl. Manu 5, 96, wo Soma, Yama, Agni und Aryaman unter den „lokapālāḥ“ angeführt werden. Statt kavyavāḍanalam, wie man hier erwarten sollte (vgl. vibhrāḍādi Kmp. 2, 1, 11), lesen die besten Mss. kavyavālanalam (d. h. kavyavāḷanalam). — athety ānantaryārthaḥ / divyapitṛtarpaṇānantaraṃ manuṣyatarpaṇam akṛtvaiva svān nijān pitṝn sakṛt sakṛd ekaikasya pṛthaktvena mātṛ- (? *LC* moṇita-) nāmagrahaṇayutaṃ pitur ārabhya puruṣaṃ prati añjalidānena vāratrayaṃ yāvad abhyasyet / tantreṇa na tarpayed ity arthaḥ / . . . . tatheti mātāmahāṃś ca / caśabdaḥ pitṛtarpaṇavad etatkaraṇārthaḥ / itikaraṇaṃ niyamārthaḥ / yathāha Vyāsaḥ / ekaikam añjalim devā (Mss. devān) dvau dvau tu sanakādayaḥ / arhanti pitaras trīṃs trīn striyaś caikaikam añjalim iti //. Dieser Vers findet sich in dem mir vorliegenden Vyāsatexte nicht, obgleich dort diese Materie behandelt wird. Siehe Dharmaśāstrasaṃgraha (ed. Jīvānanda) Teil II, p. 331. Das „atha ślokāḥ“ findet sich in allen Mss. Der Komm. bemerkt dazu athaśabdas tu ślokārambhārthaḥ /. Die Ausgg. setzen in ihrer Verszählung die vorstehende Prosa einem Verse gleich. Ich bezeichne dieselbe in Übereinstimmung mit den besten Handschriften als II, 3—8 und zähle dementsprechend weiter. Dasselbe ist mutatis mutandis Kmp. II, 4, 1—5 geschehen.

III.

1. Über die fünf grofsen Opfer siehe Hillebrandt p. 74 und Yājñ. 1, 102 ff.

3. Dieser Vers ist identisch mit Manu 3, 70.

5. Unter dem Vaiśvadevaopfer ist der zu den fünf grofsen Opfern gehörende devayajña zu verstehen (vgl. Kmp. 2, 9, 3) und unter dem Morgenopfer die Gobh. 1, 3, 1 ff. beschriebene Ceremonie. Vgl. Kmp. 2, 9, 6.

6. Es handelt sich hier um das Nityaśrāddha, welches stets ohne das Daiva (d. h. die Verehrung der viśve devāḥ vollzogen

wird. Vgl. Caland, Totenv. p. 11; Manu 3, 83 nebst Bühlers Übersetzung und den Anmerkungen.

7. Komm.: atha viprānnayor anyatarābhāvād ekam api vipraṃ bhojayituṃ cen na śaknoti tadā yat kiṃcid annaṃ bhavati tad grāsamātrād ārabhya vipratṛptiparyantaṃ yathāśaktyā karaṇaśaktim anatikramya pātradvaye pṛthak pṛthag uddhṛtya kṛtvā tataḥ pitrādipitṛbhyo 'tha tadanantaraṃ sanakādimanuṣyebhyo yathāvidhi saṃkalpavidhim anatikramyāhar ahaḥ pratidinaṃ tad annaṃ dvije dadyāt (Mss. deyāt)/. Der vorliegende Vers lehrt also, wie man das mit dem Atithipūjana kombinierte Nityaśrāddha vollziehen soll, wenn man nur sehr wenig Speise im Hause hat, oder keines Brahmanen habhaft werden kann.

8. Auch Manu 3, 82 lehrt, daſs das Nityaśrāddha mit Speise oder Wasser u. s. w. vollzogen werden kann. Vgl. Max Müller, Indien in seiner weltgeschichtlichen Bedeutung p. 325 und Mitākṣarā zu Yājñ. 1, 104.

Nach diesem Verse soll natürlich nur dann Wasser gespendet werden, wenn man den in erster Linie für das Nityaśrāddha und das Atithipūjana gegebenen Bestimmungen nachzukommen nicht imstande ist. Die Himmelsrichtung der Väter ist der Süden (vgl. Kmp. 2, 8, 12), die der Menschen der Norden (vgl. Śatap. 3, 1, 1, 7).

9. Komm.: ṛṣibhir dharmadraṣṭṛbhir martyalokavāsināṃ viprāṇāṃ aśanaṃ bhojanaṃ vāradvayam uktaṃ kathitam / dvir iti tṛtīyādibhojananirāsārthaḥ / nanu dine vāradvayaṃ tat kartavyam uta niśāyām / pratyekam ubhayor iti / tadartham āha — ahanīti / ahani dine nityakṛtyānantaram ekavāraṃ tat kartavyam / tathā tenaiva prakāreṇa ca vaiśvadevātithipūjanaprāṇāgnihotrapūrvam ity arthaḥ / tamasvinyāṃ rātrau sārdhaprathamayāmasya praharasyāntar madhye taduktatvāt kartavyam iti / ardhena saha vartata iti tathā/.

10. Vgl. Gobh. 1, 4, 3 ff. und Vasiṣṭha 11, 3.

13. Zu den „eke" gehört Pāraskara (vgl. Par. Gṛ. 2, 9, 9). Im Gautamadharmaśāstra (ed. Stenzler) wird die hier vorliegende Frage überhaupt nicht behandelt.

14. Komm.: ... mahāmārjāraśravaṇapramāṇāt / gurutarabiḍālakarṇena samatvān nāvarārdhyā bhavanti na hīnapramāṇā bhavanti / kiṃ tv adhikārdhyā bhavantīty arthaḥ / kiṃ ca / ekatra ced iti / ced ity ākāṅkṣāyām / ekatrāgnisamīpādiṣu deśeṣu te ced bhavanti

tadāvikṛṣṭā bhavanti / vikarṣo 'tyantaṃ pṛthagbhāvaḥ / tadrahitā bhavantīty arthaḥ / kiṃ ca tarhi saṃkṛṣṭā bhavanti / naivam / kiṃ tarhi / itaretaram anyonyam asaṃsaktāś cālagnā bhavantīti śeṣaḥ / Vgl. auch meine Anm. zu den folgenden Versen. Das zerstörte Metrum des Verses läfst sich vielleicht herstellen, indem man die Worte ca und eva einschaltet. Es wäre dann zu lesen na cāvarārdhyā und bhavanti itaretaram evāsaṃsaktāśca.

IV.

1—5. In der Regel werden die Balispenden auf verschiedene Orte im Hause und aufserhalb desselben verteilt. Vgl. Gobh. 1, 4, 9 ff. Sie können aber auch alle zusammen dargebracht werden (vgl. Tark. zu Gobh. 1, 4, 5). Wie die Darbringung der Balis im letzteren Falle zu erfolgen hat, wird hier gelehrt. Der Komm. leitet die ganze Auseinandersetzung mit den Worten ein: athaikatra kathaṃ ninayed ity āha.

Beim Vṛddhiśrāddha werden die Klöfse so hingelegt, dafs der erste auf der Wurzel des als Unterlage dienenden Darbhagrases und der letzte auf der Spitze desselben liegt. Vgl. Kmp. 1, 4, 1. Dasselbe soll hier mit den Balis geschehen. Die schliefsliche Behandlung der Klöfse (ins Wasser Werfen u. s. w.) lehrt Gobh. 4, 3, 31 ff.

8. Es handelt sich hier um das zu den fünf grofsen Opfern gehörende Vaiśvadevaopfer. Vgl. Gautama 5, 10. Über das Śākalaopfer siehe Manu 11, 201 und Vāj. Saṃh. 8, 13.

10. Kein Ms. liest dhīdhṛtim. Ich konjiciere so, weil keine der angegebenen Lesarten einen Sinn giebt.

11. Bemerkenswert ist in diesem Verse besonders die altertümliche Form gaḥ.

12. Komm.: brahmeti vedanāma / neti niṣedhe / ete ye ca pañcamahāmakhāḥ pūrvam uktās tanmadhya eko 'pi phalena brahmayajñād adhiko nāsti / kiṃca na tad iti / tacchabdena prastutaṃ brahma prastūyate / tatpradānāt param anyat ṣoḍaśamahādānādikaṃ dānaṃ nāsti / . . . . smṛtaṃ ca / dve brahmaṇī veditavye / śabdabrahmaṇi niṣṇātaḥ paraṃ brahmādhigacchatīti /.

Wenn man hinter veditavye — „śabdabrahma paraṃ ca yat“ einschaltet, ergiebt sich der nur unbedeutend variierte (niṣṇātaḥ statt nişpāteḥ) Śloka Maitryup. 6, 22 (nach B.-R. s. v. śabdabrahman).

19. Zu Halbvers a vgl. Yājñ. 1, 48, wo derselbe Gedanke ausgedrückt wird. Auffallend ist das ā in vasupūrṇā. Zu den Versen 12—19 vgl. Yājñ. 1, 40—48; dort finden sich nicht nur viele der in unseren Versen ausgesprochenen Gedanken, sondern oft auch dieselben Ausdrücke wieder. Vgl. auch Manu 4, 233.

V.

1. Vgl. Gobh. 1, 9, 6—12.

2. Komm.: yāvatpramāṇenānnena bahubhoktur urvannabhojanaśīlasya puruṣasya triptiḥ sauhityaṃ pūrṇena tatparimeyavastubhir akhaṇḍitena vidyata utpadyate labhyata ity arthaḥ.

3. Es sind also bei den hier in Betracht kommenden Ceremonieen, was die Opferer anbetrifft, drei Fälle vorgesehen. 1. Der Yajamāna operiert als Hotr gemeinsam mit einem Brahman. 2. Ein Stellvertreter des Yajamāna (Kommentar: yajamānasya sūtakādinimittād anyaḥ śiṣyādiḥ) als Hotr operiert zusammen mit dem Brahman. 3. Der Yajamāna übt sowohl das Amt eines Hotr als das eines Brahman aus. Vgl. hierzu Hillebrandt, Ritual, p. 70 und 71, Gobh. 1, 9, 8 ff. und Knauers Erläuterungen. Der Kommentar weist darauf hin, dafs nach dem Halbvers a der Hotr locum tenens sich nicht etwa mit dem Brahman in den festgesetzten Opferlohn zu teilen habe. Es soll vielmehr der Stellvertreter einen Lohn bekommen, der halb so grofs ist wie der des Brahman: na ca brahmaṇa eva dakṣiṇāyā ardhaharaḥ syād iti vyākhyā yuktā / kutaḥ / ekaḥ śataṃ gṛhṇīyāt tadardham anyo 'pīty ukte śatād evārdhasaṃkhyāharaṇānadhikārāt / ato yuktam iti /. Kommentar zu Halbvers b: brahmatvahautrakarmaṇī ced yajamāna eva kevalaḥ kuryāt tadā tāṃ samastām apy anyasmai viprāya dadyān na svayam evāham ṛtvig iti vicintyārdhāṃ vā sakalāṃ [vā] gṛhṇīyād ity abhiprāyaḥ /. Zum ganzen Verse vgl. Gobh. I, 6, 21.

4. Vgl. Manu 8, 388 und Yājñ. I, 34 und 35.

5. Wenn aus irgend welchen Gründen weder der Kulartvij noch der Guru das Amt übernimmt, so soll die Wahl eines dritten jedem von diesen beiden gleichsam zur Bestätigung vorgelegt werden. Komm.: aham asmai viprāyaitad ārtvijyādikaṃ dadāmīty evam anena vacasā tāv ṛtviggurū ābhāṣya pṛṣṭvānyasmai dīyate.

10. Vgl. Kmp. 2, 6, 10. Auffallend ist das lange ī in ājyāhutīṣu, doch findet es sich in allen Mss.

12. sā carusthālī saiva tiryagūrdhvaṃ madhyāyāmoccaistābhyām saminmātrā prādeśapramāṇā praśasyate.

14. Über den Idhma vgl. Kmp. 1, 8, 19 ff. und Gṛsgr. I, 100.

16. Der Komm. giebt eine andere Lesart an, indem er sagt: śūrpam aiṣīkam eva ceti vā pāṭhāntaram /.

17. Über das nyañcakarman vgl. Gobh. 3, 7, 17. 9, 11. 9, 18. 4, 5, 3 und Tark. p. 36; Gṛsgr. 1, 87a.

Komm.: nīcaṃ karadvayaṃ yatrāñcati tan nyañcakarma . . . dakṣiṇam apasavyaṃ karaṃ vāmataḥ savyakarād bāhyam uparitanabhāgagataṃ kurvīta / na bhūmisavyakaṃyor antareti (*LC* antare iti) / na kevalaṃ tathā / kiṃ tarhi / ātmābhimukhaṃ ca svasaṃmukhāṅgulyagraṃ kurvītety arthaḥ / evam anyathātvaparāsāya / anena savyasya dakṣiṇād adho 'ṅgulyagreṇāgnisaṃmukhatvaṃ darśitam /.

18. Komm.: svasthānasthau sahajasthitau na dakṣiṇaṃ vāmato bāhyam ityādinā viparītabhūtau susaṃyatau itaravyāpārakaraṇaparihāreṇa prayatnavantau kṛtvā pradakṣiṇam prādakṣiṇyena sarvadigvikṣiptānām avayavānāṃ pari / samantataḥ / ūhanaṃ saṃvaraṇaṃ kuryāt /. Das parisamūhanam gehört zu den Präliminarien, durch welche verschiedene Opfer eingeleitet werden. Vgl. Gobh. 4, 5, 3 und 5; Gṛsgr. I, 86b und 87a. Pārask. 2, 4, 1 ff.; Aśv. Gṛ. 1, 3, 1.

19. Vgl. Gobh. 1, 7, 10; Gṛsgr. 1, 85. 97; Kāty. Śr. 2, 8, 1; Āśv. Gṛ. 4, 6, 4. 9.

20. Kommentar: pūrvadiggatāgrau dvau paridhī vinyaset / prathamaṃ dakṣiṇe dvitīyam uttara ity evam // atha tadanantaram aparaṃ tṛtīyam / paścād agneḥ paścime bhāge . . . . udagagram udaggatāgraṃ paridhiṃ nyased iti vākyaśeṣaḥ / . . . . . . anyo 'nyaśākhī cet paridhinyāsaṃ (*BC* nyāsaucāsau *LC* nyāsaṃ sau oder so) karoti tadā caturthaḥ paridhir udagdiggatāgro 'gneḥ pūrvataḥ pūrvasyāṃ diśi bhavatīti /. Sämtliche Mss. bis auf *LC*, welches eine ganz unverständliche Lesart giebt, haben anyaś ced; deshalb habe ich auch nicht anyaṃ ced in den Text aufgenommen.

VI.

1. Die Verse VI, 1—11 habe ich unübersetzt gelassen, weil mir von den dort behandelten astronomischen Einzelheiten vieles unklar geblieben ist.

3. 4. Vgl. Gobh. I, 5, 1—12.

8. Da alle guten Mss. und auch der Komm., welchem übrigens jāyate statt apajāyate vorgelegen zu haben scheint, die obige der Metrik widersprechende Fassung des Verses geben, sehe auch ich mich genötigt, ihn unverändert zu lassen.

VII.

1. saha pitrā vartata iti sapitā / jīvajjanaka ity arthaḥ / tasyānvāhāryādiṣu pitṛkṛtyeṣu pitṛkarmasu karaṇārtham adhikāro 'rhatā na vidyate / pitṛkṛtyeṣv iti bahuvacanā pitṛtarpaṇādikaṃ nityatayā nirasyate / atha kuto 'narhatety āha / na jīvantaṃ . . . pitaram atikramya tyaktvā kiṃcid udakādikam api na dadyāt putraḥ pitāmahādibhya ity arthaḥ / iti śruter vedavacanāt. Anders lehrt Manu 3, 220. Ähnlich Āśv. Śr. 2, 6, 21 ff. Anders auch Hem. III, 1, p. 74, Zeile 3 ff.

2. Da außer *BT* nur der Komm. dhriyamāṇo liest, habe ich die ungewöhnliche Form dhriyati in den Text aufgenommen.

4. Die hier vertretene Ansicht ist die verbreitetere; auch sie wird im Āśv. Śr. berücksichtigt (2, 6, 16 ff.).

5. Komm.: ekādaśāhād ārabhya pratimāsādivihitaṃ samānayanāntaṃ vakṣyamāṇalakṣaṇaṃ śrāddhānāṃ ṣoḍaśakaṃ pautreṇa putraputreṇa kartavyam / anena prapitāmaho 'py uktaḥ. Über die 16 Śrāddhas, die vor dem Sapiṇḍīkaraṇa eines Ahnen vollzogen werden müssen, vgl. Kmp. 3, 24, 7 ff. (nach *CA*) und Hem. III, 1, pag. 294 ff. Das „ekādaśāhādi" bezieht sich darauf, daſs die 16 Śrāddhas erst beginnen können, wenn die bei den Hinterbliebenen durch den Tod eines Familiengliedes hervorgerufene Unreinheit vorüber ist. Diese dauert gewöhnlich zehn Tage. Vgl. Āśv. Gṛ. 4, 4, 18; Viṣṇu 22, 1; Hillebrandt p. 89 und Jolly, Recht und Sitte, p. 155.

6. Über das Sapiṇḍīkaraṇa siehe Śrāddhakalpa 3, 11 ff.

7. Komm.: dāhādikarmabhir na saṃskṛtāv asaṃskṛtau / pūrvau pitāmahaprapitāmahau pautraprapautrakaiḥ kartṛbhir na saṃskāryau na sapiṇḍīkaraṇena yojyau / . . . pitaraṃ svajanakaṃ tatra pitāmahādiṣu saṃskuryāt /.

Er soll also die Genannten, auch wenn die betreffenden Ceremonieen aus irgend einem Grunde von dem dazu Berufenen unterlassen worden sind, ohne weiteres als Sapiṇḍa betrachten.

9. Komm.: tātaḥ pitā / tasmin brāhmaṇādibhir hate pramīte / aditogo (sic!) rājādayo gṛhyante / patite svayaṃ brahmavadhādinā / saṅgavarjite pravrajyādibhiḥ /.

Der sehr korrumpierte Komm. läfst in seiner Einleitung zu diesem Verse vermuten, dafs er brāhmaṇahate gleich brahmadaṇḍahate setzt, und dieses Wort wird sich wohl hier mit „durch den Fluch eines Brahmanen getötet“ übersetzen lassen. Vgl. Hem. III, 1, p. 73.

10. Komm.: tadānīṃ mātur janitryāḥ sapiṇḍīkaraṇaṃ yathoktenāsaṃskṛtau na saṃskāryāv ity uktarūpeṇa kalpenāgamenāthavā daśapiṇḍādidānakramavidhir yathoktaḥ . . . kartur uditam uktam / . . . . / anena putrikāṃ mātāmahena samānayed ity uktam / idaṃ ca jīvatpitṛkasutaparaṃ vaco 'vagantavyam / kutaḥ / mṛtapitṛkasya pitrā mātṛsamānayanasmṛteḥ. Vgl. Hem. 3, 1, 1652 ff.

Wenn ein Mann keinen Sohn hat, so kann er bei der Verheiratung seiner Tochter die Abmachung treffen, dafs die Söhne aus der Ehe für ihn die Manenceremonieen ausführen sollen. Eine unter solchen Bedingungen verheiratete Tochter heifst putrikā. Vgl. Manu 9, 127—140; Baudh. 2, 2, 3, 15. 16. Der Sohn einer Putrikā behandelt nach Kmp. 2, 7, 12 seine Mutter beim Śrāddha so, wie das sonst für die Väter vorgeschrieben wird. Daher auch die Verschiedenheit beim Sapiṇḍīkaraṇa.

11. Zu den v. l. vgl. Kmp. 3, 24, 11 (nach *CA*).

12. Dieser Vers ist mit Manu 9, 140 identisch, nur dafs dort der zweite Halbvers tatpituḥ pituḥ schliefst. Vgl. aber v. l. bei Jolly p. 321. Kullūka erklärt den letzten Teil des Verses mit den Worten „tṛtīyaṃ mātuḥ pitāmahāya“, dem Sinne nach also ebenso wie Aśāditya (pramātāmahasya). Bühler dagegen schliefst die Übersetzung von Manu 9, 140 mit den Worten „the third to his father's father“. Ich habe mich hier den Kommentatoren angeschlossen, weil ihre Auffassung mir der Stellung einer Putrikā mehr zu entsprechen schien als die entgegengesetzte. Baudh. 2, 2, 3, 16 giebt einen ganz ähnlichen Vers, der auch die beiden erwähnten Deutungen zuläfst. Bühler nimmt in seiner Übersetzung dieselbe Stellung ein, wie bei der Erklärung von Manu l. c.

VIII.

1. Im folgenden ergänzt der Karmapradīpa die von Gobhila (4, 2 ff.) für das Anvaṣṭakya gegebenen Regeln und giebt zugleich Punkte an, in denen das Ritual anderer Manenceremonieen von dem beschriebenen abweicht (vgl. Caland, Ahnencult, p. 114 ff. und Kmp. 2, 8, 4. 20). Diese Gruben sind nach Gobh. 4, 2, 10 ff. bei der Anvaṣṭakyafeier anzulegen.

3. Der Śaṅku dient nach Tark. zu Gobh. 4, 2, 16 zum Graben der in den vorigen Versen beschriebenen Gruben. Der Halbvers b ist identisch mit Gṛsgr. I, 84a. Vgl. Bloomfields Anm. hierzu.

4. Der Halbvers a ist eine Ergänzung zu Gobh. 4, 2, 21, wo zwar gesagt wird, dafs beim Anvaṣṭakya eine Bestreuung der Gruben stattzufinden hat, die näheren Bestimmungen hierüber aber nicht angegeben werden. Der Halbvers b bezieht sich nach dem Komm. auf den Piṇḍapitṛyajña. Für dieses Opfer schreibt auch das Āśv. Śr. (2, 6, 9) nur eine Grube vor. Vgl. Gobh. 4, 4, 8 und Kmp. 2, 8, 20. Vgl. Donner, Pindapitṛyajna (Berlin 1870), p. 18 ff.

5. surabhi sugandhi vilepanārhacandanādidravyaṃ sthagarasaṃjñakaṃ jñātavyam / ādiśabdād agurvādīni / etenaitasya sthagaravādinaḥ pratyuktāḥ / . . . . tasyāṃ caivāñjanam (Gobh. 4, 2, 30) ity anena piñjūlīnāṃ kṛte yad añjanam iṣyate tad añjanaśabdena sauvīrāñjanam uktam / vaṇikprasiddham etat /.

Der Halbvers a erklärt das Wort sthagara, welches von Gobh. (4, 2, 29) gebraucht wird.

6. sarvam erklärt der Komm. mit „dravyaṃ carusthālīprabhṛti". Über das Daivam vgl. Caland, Ahnencult, p. 181 ff. Das Daivam geht meist dem eigentlichen Śrāddha voraus, doch nicht immer. Vgl. Kmp. 2, 3, 6 und Caland, Ahnencult, p. 113 ff.

7. Vgl. Gobhila 4, 2, 33 — 35 und Śrāddhak. I, 16 bis II, 17. Komm.: tat . . . . karma yathā yena prakāreṇa Vasiṣṭhena muninā śrāddhakalpa īritam uktaṃ tad brāhmaṇeṣu tathā kṛtvā . . . ācāryoktaṃ tilamiśritam udakaṃ dadyāt / kartety arthaśeṣaḥ /.

Bemerkenswert ist hier die Verschiedenheit der Darstellung des Gobh. und derjenigen des Śrāddhak. Nach Gobh. kommt zuerst das Ehrenwasser und dann das Sesamwasser an die Reihe, während es im Śrāddhak. umgekehrt ist. Der Kmp. knüpft nun augenscheinlich an die Reihenfolge der Handlungen bei Gobh. an, bestimmt aber zugleich, daſs die bei diesem nur angedeuteten Ceremonieen nach den ausführlicheren Bestimmungen des Śrāddhak. vorzunehmen seien. Vgl. Caland, Ahnencult, p. 113 ff.

8. Vgl. Gobh. 4, 2, 35. Weder im Gobh. noch im Śrāddhak. wird eine besondere Spende von wohlriechendem Wasser erwähnt. Komm.: tatas tu punaḥ pitrādipātrasaṃnikarṣakrameṇa naikaṭyena na tu vyatyayena candanādigandhadravyamiśritam udakaṃ dātavyam /.

9. 10. Vgl. Śrāddhak. 2, 11—13; Caland, Totenv., p. 16 Anm.; Kmp. 2, 5, 10.

11. Gobh. (4, 2, 37) schreibt hier nur „gandhān" vor. Komm.: gandhaś candanādiḥ / bahuvaco 'gurukarpūrakuṅkumādidravyadānadarśanārthaṃ na brahmapurāṇe niṣiddhaṃ kastūrikādi / etān anupūrveṇa krameṇa brāhmaṇasātkṛtvā vipraśarīragatān vidhāya tathā ca ṛtau yāni puṣpāṇi bhavantīti / dhūpaṃ guggulvagurukarpūrādikaṃ ceti /.

12. 13. Nach der allgemeinen Regel soll man die Opfer für die Götter mit der heiligen Schnur auf der linken Schulter (upavītin) und nach Osten blickend vollziehen. Vgl. Knauer zu Gobh. 1, 2, 1—4. Während der Ceremonieen zu Ehren der Väter blickt man in der Regel nach Süden und trägt die heilige Schnur auf der rechten Schulter (prācīnāvītin). Vgl. Caland, Totenv., p. 14 Anm.; Kmp. 2, 2, 3—8.

In den vorliegenden Versen handelt es sich nun darum, ob das Agnaukaraṇa den Göttern oder den Manen gilt. Diese Frage wird von Gobh. nicht ausdrücklich entschieden, doch läſst Gobh. 4, 3, 1 darauf schlieſsen, daſs beim Agnaukaraṇa der Götterritus (upavītin u. s. w.) zur Anwendung kommen soll. Auch das Wort svāhā Gobh. 4, 2, 39 läſst dieses vermuthen (vgl. Kmp. 2, 3, 12).

Andererseits können Soma und Agni auch als Manen (pitṛ) aufgefaſst werden und, da sie die Gottheiten des Agnaukaraṇa sind, ist es möglich, dieses als ein Manenopfer anzusehen. Der Halbvers VIII, 13 b weist darauf hin, daſs die beim Śrāddha verwendete Opferspeise für die Manen bestimmt ist, und von ihr daher nicht den Göttern, wohl aber den göttlichen Manen, geopfert werden kann. Angeführt und sehr ausführlich behandelt werden unsere Verse von Hem. 3, 1, p. 1321. Vgl. Hem. 3, 1, p. 1319; Caland, Ahnencult, p. 185 ff.; Kmp. 2, 2, 3—8 (Soma und Agni unter den

Vätern), Āśv. Śr. 2, 6, 12—13; Kāty. Śr. 4, 1, 7. Der Komm. liest nirūpya.

14. Es handelt sich hier um die Gobh. 4, 2, 39 für das Agnaukaraṇa vorgeschriebenen Sprüche. Nach Gobh. 1, 9, 25 müfste nach Hersagung dieser Sprüche „svāhā“ gesagt werden. Kommentar: atra cchandogaśākhāyām agnaukaraṇahomamantrānte svāhākāram na kuryāt /.

15. In diesem Verse wird gelehrt, was ein „anagniḥ“ an Stelle des Opfers im Feuer (Gobh. 4, 2, 39) zu thun hat. Der Komm. leitet diesen Vers mit den Worten ein: athānagnir apy agnāv agnaukriyāṃ kuryād uta deśāntara ity etannimittenāha /. Ferner erklärt der Komm. „pitryo“ mit „śrāddhakarmaṇi“. Vgl. Hem. 3, 1, p. 1330. — paṅktimūrdhanyaḥ erklärt der Komm.: yo vipro daivapitṛmātāmahapaṅktīnāṃ madhye mūrdhanyaḥ prathamopaviṣṭo bhavati daivikadvija ity arthaḥ /.

16. Der Verf. hat hier in erster Linie die Gobh. 4, 2, 39 erwähnten Sprüche im Auge (svāhā somāya u. s. w. und svāhāgnaye u. s. w.). Nach Kmp. 2, 8, 14 sollen diese Sprüche geteilt werden, und hier wird nun vorgeschrieben, dafs nicht jeder einzelne Teil mit oṃ einzuleiten ist, sondern nur der erste. Vgl. Gobh. 1, 1, 2.

Komm.: svāhākāraṃsomaśabdayor ādāv oṃ na kuryāt / kiṃtu svāhādāv ekam eva ca kuryād iti / atha nāma kevalam agnaukaraṇamantreṣv ayaṃ niyamaḥ / naivam / kiṃ tarhi / anyeṣāṃ ceti / cety adhikārānuvartane (*LC* vartino *BC* vartināṃ) / vikarṣo vyavadhānaṃ na vikṛṣṭā avikṛṣṭāḥ saṃkṛṣṭā ity arthaḥ / teṣāṃ anyeṣāṃ ca [ādāv] ācamanādinā prāyaścittakaraṇena sahaitad uktaṃ vacaḥ kāryam iti vākyaśeṣaḥ /.

17. 18. Die vorliegenden Verse geben eine erklärende Bestimmung zu dem Sūtra Gobh. 4, 3, 2, welches sich auch noch mit dem Anvaṣṭakya beschäftigt. Das im Verse 17 angeführte Citat bildet den Anfang der obigen Gobhilaregel. Nach dem Komm. weist das Wort ādi in 18a darauf hin, dafs auch die nach Gobh. folgenden Handlungen mit dem Feuerbrande u. s. w. in ähnlicher Weise vorzunehmen seien. anvārabhya in Vers 18b erklärt der Komm. prakṛtaṃ dakṣiṇaṃ karam anvārabbyānvārabdhaṃ vidhāya. — Auffallend ist die Form „itarāt“. Vgl. aber Whitney § 523 und B.-R. s. v.

19. Dieser Vers bezieht sich auf die Gobhilaregel 4, 3, 8 und soll hauptsächlich erklären, was unter dem Wort saṃnītāt zu verstehen ist. Nach Gobh. 4, 2, 39 bildet Opferbrei (caru) den Stoff des Agnaukaraṇa. Was nun nach dem Agnaukaraṇa an Opferbrei übrig geblieben ist, dient mit einem Zusatz, der aus verschiedenen beim Anvaṣṭakya vorher verwandten Opferspeisen besteht, als Material für die Klöfse. Vgl. Hem. III, 1, p. 1426 und Tark. zu Gobh. 4, 3, 8. Der Komm. liest bhavam statt 'rbhakam.

20. Der vorliegende Vers bezieht sich auf Gobh. 4, 3, 8. Dieses Sūtra giebt in Verbindung mit den folgenden (bes. 4, 3, 13) deutlich zu verstehen, dafs bei dem Anvaṣṭakya die drei Klöfse auf die drei Karṣūs verteilt werden. Unser Vers will nun sagen, dafs es sich beim Pūrvaṇaśrāddha anders verhält, dafs nämlich dort alle Klöfse auf die eine Grube verteilt werden. Vgl. Kmp. 2, 8, 4. Der Verf. erwähnt dort im Gegensatz zu den besprochenen drei Karṣūs, dafs der „pitṛyajña", also wohl auch das Pūrvaṇaśrāddha, nur eine Karṣū hat, die dakṣiṇāntā ist, d. h. von Norden nach Süden läuft. Vgl. Gobh. 4, 4, 8.

Auch Āśv. (Gṛ. 2, 5, 6) lehrt für das Anvaṣṭakya mehrere Karṣūs. Vgl. Nārāyaṇas Komm. zu Āśv. l. c. — Beim Pūrvaṇaśrāddha wird das Niederlegen der Klöfse von Āśv. gar nicht näher beschrieben, und dieses geschieht nach Stenzler (Anm. zu Āśv. Gṛ. 4, 7, 28) „in der oben (im Śrautasūtra) vorgeschriebenen Weise", also auch auf eine Karṣū (Āśv. Śr. 2, 6, 14—15). Vgl. Caland, Ahnencult, p. 115.

21. Dieser Vers bezieht sich ebenso wie der folgende auf die Gobh. 4, 3, 12 vorgeschriebene Wendung. Da man beim Śrāddha in der Regel nach Süden blickt (vgl. Anm. zu Kmp. 2, 8, 12. 13), so schaut man nach einer halben Wendung (180°) nach Norden und nach einer ganzen wieder nach Süden.

23. Im Gobh. werden nur drei Aṣṭakās beschrieben, die in den Monaten Mārgaśīrṣa (Gobh. 3, 10, 9 ff.), Pauṣa (Gobh. 3, 10, 18 ff.), und Māgha (Gobh. 4, 4, 17 ff.) stattfinden. Vgl. Knauer zu Gobh. 3, 10, 4; Bloomfield zu Gṛsgr. 1, 103; Caland, Totenv., p. 41 ff. — Ich halte es für sicher, dafs der Verf. hier die drei von Gobh. beschriebenen Aṣṭakās voraussetzt. Daher mufs man annehmen, dafs diese für den Monat Phālguna vorgeschriebene Feier eine vierte Aṣṭakā ist.

Das „madhyamāyām" im folgenden Verse ist dann nur so zu erklären, dafs der Verf. sich auf den Standpunkt von Gobhila versetzt und darum von einer „mittleren" unter drei Aṣṭakās spricht.

Vier Aṣṭakās schreibt auch Āśv. Gṛ. (2, 4, 1) vor. Nach Stenzlers Anm. finden diese in den Monaten Mārgaśīrṣa, Pauṣa, Māgha und Phālguna statt. Vgl. Caland l. c. Über die Kuchenaṣṭakā vgl. Gobh. 3, 10, 9 ff.

24. Der Komm. erklärt „madhyamāyām" mit „māghamāsanavamyām", obgleich sich bei Gobhila die Schilderung des Anvaṣṭakya an diejenige der im Monat Pauṣa stattfindenden Fleischaṣṭakā (vgl. Gobh. 4, 2, 1) unmittelbar anschliefst. Zum ganzen Verse vgl. Gobh. 3, 10, 8 und Caland, Totenv., p. 43.

25. Vgl. Kmp. 3, 29, 7 ff. (nach C A). Ich glaube, dafs ānukalpika sich zu anukalpa ebenso verhält wie vaikalpika zu vikalpa, und habe das Wort dementsprechend übersetzt. Der Komm. hat auch ānukalpikam gelesen; ebenso hat ihm payasya vorgelegen, denn es heifst im Komm.: payasā iti vaktavye payasyeti cchandonurodhāc chāndasam.

IX.

1. Im Halbvers a sind die „sāyaṃprātarhomau" gemeint. Der Halbvers b bezieht sich auf die Feiern des Neu- und Vollmondes. Vgl. Kmp. 3, 27, 7 ff. (nach C A); Gobh. 1, 9, 14; Śāṅkh. Gṛ. 1, 3, 7 und Hillebrandt p. 74. 76.

2. Es handelt sich hier wohl um das Vollopfer bei der Anlegung des Hausfeuers. Vgl. Śāṅkh. Gṛ. 1, 1, 11 und Kmp. 1, 8, 10.

3. Unter dem Vaiśvadevaopfer ist hier der zu den fünf grofsen Opfern gehörende devayajña zu verstehen. Er besteht darin, dafs ein Teil der Speise, welche dem Yajamāna als Nahrung dient, vor dem Essen im Feuer geopfert wird, während zu den sāyaṃprātarhomau anderer Stoff verwandt wird. — Vgl. Hillebrandt p. 74 und 75 und Kmp. 2, 3, 5. 10. Über die Balihandlung vgl. Kmp. 2, 3, 14 ff. Speziell zu pākānte vgl. Gobh. 1, 3, 16 ff.

4. Der Komm. liest abhirūpān svaśaktitaḥ. Ich habe mich, was die Lesart anbetrifft, der Mehrzahl der Mss. angeschlossen. Manu 3, 114—116 schreibt vor, dafs Brahmanen, Verwandte, Kranke u. s. w. gespeist werden sollen. Ebenso werden Yājñ. 1, 105 verschiedenartige Personen aufgezählt. In Erwägung dieser Um-

stände habe ich die obige Übersetzung der Worte abhirūpāṃś ca gewählt.

5. Über caturthīkarma vgl. Gobh. 2, 5, 1 und Hillebrandt p. 68.

6. Komm.: etena ko 'rthaḥ siddhaḥ / rātrivivāhāgnyādhāna-ghaṭanād ataḥ pūrvaṃ pūrṇāhutiṃ hutvā tataḥ sāyaṃprātarhomau syātām / ādhānasamayatvāt sāyamāditvaṃ jahyāt /.

7. Der Komm. kennt diesen Vers nicht; ebenso die Ausgg. Da ihn jedoch 4 Mss. geben, habe ich geglaubt, ihn nicht auslassen zu dürfen. Er ist offenbar nur eine Erläuterung zum vorhergehenden Verse. Vgl. Kmp. 3, 21, 2 und 3, 27, 7 ff. (nach CA).

8. Vgl. Gobh. 1, 9, 13 ff.

9. Komm.: ahūyamāne haviṣi samāhitaḥ sāvadhānaḥ / havyahotṛlābhāyety arthaḥ / anaśnann anadaṃś cet kathaṃcit kālaṃ havyādisaṃpattiparyantaṃ nayet / prakṛtatvād yajamānaḥ / tatas tu punaḥ saṃpanne labdho / havyādāv iti śeṣaḥ / yathā yena prakāreṇa tatra tasmin kāle hūyate homaḥ (Ms. maṃ) kriyate tad . . . ihātra śāstra . . . ucyate /. Daſs man, solange das Opfer nicht nachträglich vollzogen ist, fasten soll, lehrt auch Gobh. I, 9, 21. Vgl. Gobh. I, 9, 15.

10. Der von mir am Anfang der Übersetzung ergänzte Hauptsatz ergiebt sich meiner Meinung nach von selbst aus dem Zusammhang mit dem vorhergehenden Verse. Anders der Komm.: agnau homaṃ kṛtvā vrataṃ sa[ṃ]tataṃ (vgl. Gobh. 1, 9, 23) kuryād iti vākyaśeṣaḥ /. Im übrigen habe. ich den Vers so interpretiert, wie ihn Tark. zu Gobh. 1, 9, 22 aufzufassen scheint.

11. Gobh. spricht in seinen Hochzeitsregeln nur von den drei Mahāvyāhṛtis (bhūr — bhuvaḥ — svaḥ). Es werden aber mit diesen drei Vyāhṛtis vier Spenden dargebracht. Vgl. Gobh. 2, 1, 25. 26. Andererseits werden die in diesem und dem folgenden Verse gegebenen Regeln Kmp. 2, 10, 16 als ṣaḍāhutikaṃ prāyaścittam bezeichnet. Nun redet der folgende Vers von zwei Āhutis, und, wenn man annimmt, daſs in diesem Verse von vieren die Rede ist, so ergiebt sich die Zahl 6. In Anbetracht dieser Erwägungen ergänze ich zu catasras — āhutayaḥ und nicht wie der hier übrigens sehr schlecht überlieferte Kommentar — vyāhṛtayaḥ.

12. Nach dem Ṣaḍviṃśabrāhmaṇa I, 6, 14—19 kann die Allsühne 1. in einem Opfer mit den Mahāvyāhṛtis bestehen, 2. in

einer Spende, die mit den Worten „ājñātaṃ yad anājñātaṃ yajñasya kriyate mithv agne tad asya kalpaya“ u. s. w. dargebracht wird und 3. in einer dem Prajāpati mit dem Verse Mantrabrāhmaṇa 2, 5, 8 = ṚV. 10, 121, 10 (prajāpate na tvad etāny anyaḥ u. s. w.) geweihten Āhuti.

13. Das Wort vā wird vom Komm. mit „vety avadhānadāne“ erklärt. Die Lesart vicaya, die sich in zwei Mss. (*M* und *BT*) findet, giebt keinen Sinn, daher gebe ich den Text mit vivicaya, obgleich sich so nur dann ein richtiger Vers ergiebt, wenn man im Gegensatz zu den allgemeinen Saṃdhigesetzen vivicayeti liest. Vgl. ähnliche Unregelmäfsigkeiten im ṚV.

14. Unter einem unreinen Feuer ist hier wohl dasjenige eines Caṇḍāla u. s. w. zu verstehen. Vgl. den Komm. zu Kāty. Śr. 25, 4, 34.

15. Über „hṛdayaṃ yadi tapyate“ vgl. „hṛdayavilekhe“ im Komm. zu Kāty. Śr. 25, 4, 33. Unser Komm. hat augenscheinlich eine abweichende Lesart und erklärt das Entsprechende: hṛdayaṃ yajamānasya paritapyate paritāpam upayāti prāyaścitte hute 'pīty arthaḥ /. Zu den vorstehenden drei Versen finden sich Parallelen im Śatap. und im Kāty. Śr. Die Stelle Śatap. 12, 2, 6, 2 entspricht dem Verse 13. Es wird dort auch ein Opfer an Agni Vivici für den Fall vorgeschrieben, dafs die heiligen Feuer sich vermengen. Śatap. 12, 2, 6, 4 entspricht 14a und Śatap. 12, 2, 6, 5 — 14b. Ebenso korrespondiert unser Vers 13 mit Kāty. Śr. 25, 4, 31, der Halbvers 14a mit Kāty. Śr. 25, 4, 33, der Halbvers 14b mit Kāty. Śr. 25, 4, 34 und der Vers 15 teilweise mit Kāty. Śr. 25, 4, 36. Vgl. auch Āpastamba Śr. 9, 3, 17—22. In den drei soeben genannten Werken handelt es sich natürlich um die Śrautafeuer, und es sind dementsprechend auch andere Opfer festgesetzt. Es findet sich dort jedoch auch Agni mit den obigen Beiworten.

16. Komm.: yadi kathaṃcid dvirbhūto bhāgadvayabhūta eko 'nyatretaro 'nyatrety evam iti saṃsṛjyet saṃsargam upagacchen miśrito bhaved ity arthaḥ / tataḥ saṃsṛṣṭaṃ saṃsargagatāgnim upaśamayed upaśāntaṃ kuryāt / asaṃsṛṣṭaṃ aṅgārādivyavadhānena saṃsargiṇaṃ jāgarayet / jāgaritum iheta jvālayed ity āśayaḥ /.

Auffallend ist die Form saṃsṛjyet. — Der Name Giriśarman wird auch im Vaṃśabrāhmaṇa 1, 5. 6 erwähnt.

17. Holzscheitspenden werden öfter vorgeschrieben. Vgl. z. B. Gṛhyasgr. I, 98. Zu garbhasatkriyā vgl. besonders Gobh. 2, 7, 13 ff.

18. Über die Namengebung vgl. Gobh. 2, 8, 8.

20. „pitṛyajñātyayo" erklärt der Komm. mit „piṇḍapitṛyajñasya samayātyaye".

21. Über das Erstlingsopfer vgl. Gobh. 3, 8, 9. Auch Kmp. 3, 25, 18 (nach Cd) und Manu 4, 27. 28 verbieten, vor dem Erstlingsopfer Neugeerntetes zu essen.

22. Unter den Saṃskāras sind hier die Ceremonieen, wie z. B. die Namengebung, das Haarschneiden u. s. w. zu verstehen. Bei diesen Gelegenheiten ist ein Vṛddhiśrāddha zu vollziehen. Vgl. Hem. 3, 1, 191. — Für einige der dort als Saṃskāras angeführten Ceremonieen wird übrigens im Kmp. 1, 5, 5 ein Śrāddha ausdrücklich verboten.

Im Halbvers b ist „ā udvahanāt" aufzulösen. Was die Übersetzung dieser schwierigen Stelle anbetrifft, vgl. Hemādri 3, 1, 113 ff., wo unser Vers in extenso angeführt und sehr ausführlich behandelt wird. Es heifst dort u. a. pitur abhāve 'nyo 'pi yaḥ kaścit saṃskāraṃ kuryāt sa tatkramāt — taṃ pitaram ārabhya yaḥ saṃskāryasya pitṝṇāṃ kramaḥ — tena krameṇa dadyān na tu svakīyebhyaḥ pitṛbhya iti /. Ich habe mich in der Übersetzung dieser Auffassung angeschlossen. Der Halbvers b gipfelt darin, dafs, wenn ein anderer den Saṃskāra vollzieht, der Vater des Saṃskārya mit zur Ahnenreihe gehört und demgemäfs auch seinen Klofs erhält.

23. Nach Gobh. 1, 3, 16 soll der Ehemann, wenn das tägliche Morgen- und Abendessen angerichtet ist, im geeigneten Momente seine Frau veranlassen, „Es ist bereit" (bhūtam) zu sagen. Diesen Vorgang nennt der Verf. hier „bhūtapravācana".

24. Was unter praṇavādi zu verstehen ist, giebt der Komm. an: praṇavādy oṃkārādi prāyaścittarūpaṃ kuryāt // ādiśabdo vyāhṛtyādisamṛtiparaḥ / athavā tasmai namas tan mā khyā ity (Gobh. 1, 3, 18) ācāryoktamantrajñāpanārthaḥ //.

25. Gobh. 1, 8, 27 spricht von einer „kuśamuṣṭi" bei der Bereitung der Opferstätte. Gobh. 3, 7, 21 wird ein darbhastamba bei Gelegenheit des Śravaṇākarman erwähnt und in den Vor-

schriften für die Aufnahme eines Ehrengastes heifst es Gobh. 4, 10, 6 viṣṭaram āstīrya.

X.

1. Vgl. Gobh. 1, 6, 8. 9 und Kmp. 2, 5, 3.

3. Komm.: saubhāgye subhagaṃbhāve vitto dhane 'vaidhavye bhartur aviyoge kāmo yasyāḥ seyaṃ tathā / tayā bhartṛbhaktayā patiparāyaṇayāgnir aupāsanaḥ śuśrūṣya upāsitavya iti / ekavaco jyeṣṭhajāyāparam / anena śrauto 'py uktaḥ /.

4. bahupatnīko vipra āsāṃ patnīnāṃ madhye yā kācit / jyeṣṭhetarāpīty arthaḥ / vīraprasūtiprabhṛtiprakāmprajuṣṭā bhavet / taccittasya svasthatvāt / . . . tām atrāgniśuśrūṣārthe niyojayen niyuktāṃ kuryāt / na tu putrābhāvādihetubhir asvasthacittām api jyeṣṭhām ity arthaḥ /.

5. aśāṭhyavad dauṣṭyarahitam / iyaṃ kuto na karotīty evam / iti karmāgniśuśrūṣāviṣayaṃ vibhajya bhāgaṃ kṛtvā saha vaikatra (Mss. ā) vā saṃbhūyaikā mārjanam anyopalepanam evaṃ kuryuḥ /.

6. yoṣitāṃ putraprasavapriya[ṃ]vādādihetujātasaubhāgyataḥ subhaga[ṃ]bhāvāj jyaiṣṭhyaṃ prādhānyaṃ bhavatīti śeṣaḥ / na prathamapariṇayanamātrād iti / kutaḥ / hi yataḥ / yoṣitāṃ strīṇāṃ svalpena stokena tapasā kāyakleśena bhartā patir na tuṣyati toṣaṃ na yāti / guruṇā yātīty arthaḥ /. Der Komm. liest vidyayeva und führt vidyayaiva als „pāṭhāntara" an. Ich habe die erstere Lesart gewählt, weil sie mir einen viel besseren Sinn zu geben schien.

13. Komm.: saha dārair vartata iti tathā / gṛhītagṛhiṇīka ity arthaḥ / iti tiṣṭhan yo 'gnimān sāgniḥ / kathaṃcit pūrvapatnyāḥ priyalopādikāraṇāntarād (*LC* patnyapriyālapādi° *BC* patnyāpriyālopādi°) dhetuviśeṣāt / punar vyāvṛtya / anyān itarān dārān kartuṃ voḍhuṃ icchet / asyaivaṃvidhasya tadvivāhaviṣayo homaḥ kutra karaṇāya vihito bhavati laukikasmārtāgnyor ity arthaḥ /.

14. Vgl. Kmp. 2, 9, 17 ff.

15. anye Śāṭyāyanācāryādyā ā dhruvadarśanāt / dhruvadarśanasya karmaṇo yāvat / anyārthatayā homakṛtiṃ matvā ṣaḍāhutikaṃ vacyavacasā ceṣṭitarthaṃ prayaścituṃ juhvati / kutaḥ / hi yataḥ / yāvat sā kanyā na pariṇīyate pariṇayanavidhiyutā na bhavati / tāvad (Ms. yāvad) ātmanaḥ svasyārthaṃ tadvacanakarma na syān na bhaved iti /.

Über das Zeigen des Polarsternes vgl. Gobh. 2, 3, 8. — Vor dieser Ceremonie hat nach Gobh. ein Opfer stattzufinden, das aus sechs Spenden besteht; hier ist aber ein besonderes Sühnopfer gemeint. Die in diesem Verse angeführten „anye“ gehen von der Ansicht aus, dafs erst nach dem Pariṇayana (Gobh. 2, 2, 8) der Mann auch für die Frau in seinem Hausfeuer opfern darf, weil erst nach dieser Ceremonie das vom Manne für die Frau Geopferte als „ātmano 'rtham“ vollzogen gilt (vgl. Kmp. 2, 9, 17).

Dementsprechend setzen die „anye“ die obige Bufse für den Fall fest, dafs der Yajamāna die vor dem Pariṇayana zu vollziehenden Opfer (vgl. Gobh. 2, 1, 23 ff.) in seinem Hausfeuer darbringt. Der Bräutigam mufs also eventuell vor der Hochzeit sein Hausfeuer nach dem Hause des Brautvaters bringen.